DÖRLEMANN

Patrick Leigh Fermor

Eine Zeit der Stille

Zu Gast in Klöstern

Aus dem Englischen von
Dirk van Gunsteren

DÖRLEMANN

Die englische Originalausgabe »A Time to Keep Silence«
erschien 1957 bei John Murray, London.

Dieses Buch ist auch als Dörlemann eBook erhältlich.
eBook ISBN 978-3-03820-993-5

Umschlaggestaltung: Mike Bierwolf unter Verwendung
eines Fotos von Patrick Leigh Fermor
Porträt Patrick Leigh Fermor auf Seite 5:
Estate of Patrick Leigh Fermor
Satz: Dörlemann Satz, Lemförde
Druck und Bindung: CPI – Clausen & Bosse, Leck
ISBN 978-3-03820-103-8
www.doerlemann.com

Patrick Leigh Fermor

Questi allti fochi tutti contemplanti
uomini furon, accesi di quel caldo
che fa nascere i fiori e i frutti santi.

Qui è Maccario, qui è Romoaldo,
qui son li frati miei, che dentro ai chiostri
fermar li piedi e tennero il cor saldo.

Dante: Paradiso XXII, 46–51

Ein jegliches hat seine Zeit, und alles Vorhaben
unter dem Himmel hat seine Stunde …
… schweigen hat seine Zeit, reden hat seine Zeit.

Prediger III, 1 und 7

Einführung

Der Leser wird gelegentlichen Andeutungen auf den folgenden Seiten entnehmen können, dass gewisse Unzulänglichkeiten mich daran gehindert haben, in den vollen Genuss der Vorzüge zu kommen, die ein Klosteraufenthalt dem Laien bieten kann. Ich habe es bei diesen Andeutungen belassen, weil sie sich auf komplizierte Sachverhalte beziehen, die mit dem eigentlichen Thema dieses Buches nur sehr wenig zu tun haben; ich weise dennoch darauf hin, zum einen um deutlich zu machen, dass meine Kompetenz in den behandelten Fragen sehr begrenzt ist, zum anderen um den Leser auf Fehler aufmerksam zu machen, die auf unvollständiges Wissen und mangelnde Erfahrung zurückzuführen sind.

Trotz dieser persönlichen Schwächen haben mich die hier beschriebenen Orte stark beeindruckt. Ich weiß nicht, wie ich meine Gefühle benennen soll – sie reichen jedenfalls tiefer als bloße Neugier oder Interesse, und sie sind gewichtiger als die Freude, die ein Historiker oder Kunstliebhaber angesichts uralter Gebäude oder einer seit Jahrhunderten unveränderten Liturgie empfindet; Erstere hätte ich auch an vielen anderen Orten besichtigen können, und Letztere hatte ich bereits oft gehört – wenn auch vielleicht nur selten in so vollendeter Form wie in St. Wandrille oder Solesmes.

Dabei spielt die Güte und Freundlichkeit der Mönche eine wichtige Rolle. Bedeutsamer jedoch war die Entdeckung, dass ich eine Affinität zum Alleinsein und (wenn auch in weit bescheidenerem Maße als die meisten anderen Menschen, die sich für das Kloster entschieden haben) zu der Gesammeltheit und Klarheit des Geistes besitze, die zu dem stillen klösterlichen Leben gehört. Denn in der Abgeschiedenheit der Zelle – die Stille dieses Lebens wird nur unterbrochen durch die schweigend eingenommenen Mahlzeiten, feierliche Gottesdienste und lange, einsame Spaziergänge durch den Wald – wird der reißende Strom der Gedanken ruhig und klar, und vieles, was man versteckt hat, und alles, was das Wasser trübt, steigt an die Oberfläche und kann abgeschöpft werden; nach einer Weile erreicht man einen in der Welt dort draußen unvorstellbaren Zustand inneren Friedens. Dies alles ist so anders als das gewohnte Erleben, dass der Gast argwöhnt, er sei (ungeachtet seiner Widerstände, seiner Zweifel oder seiner schlichten Unfähigkeit zu glauben) in den Genuss übernatürlicher Gnade oder eines unbewusst angeeigneten Teils der spirituellen Energie gekommen, die in Klöstern stets am Werk ist. Selbst jemand wie ich, dem die erwähnten Hindernisse nicht fremd sind, ist bei einer zufälligen Begegnung mit dieser Daseinsform imstande, vieles von der geheimnisvollen, heilenden Verzauberung zu erkennen, die unter anderem der Grund für die Errichtung von Klöstern war.

Jeder, der diese Erfahrung auch nur ansatzweise gemacht hat, wird beim Anblick eines verlassenen Klosters einen Kummer empfinden, der schmerzhafter ist als das bloße Bedauern, das einen Liebhaber alter Dinge überkommt. Etwas von dieser elegischen Trauer liegt wie ein Schatten über den kappadokischen Felsenklöstern, die ich zu beschreiben versucht habe. Für uns im Westen jedoch sind die Ruinen der seit der Reformation aufgegebenen englischen Klöster – die beeindruckendsten Me-

mentos des Lebens, das einst diese Mauern erfüllte – die bewegendsten und tragischsten Relikte jener Zeit. Hier gibt es keine Rätsel. Wir kennen Zweck und Funktion eines jeden Gegenstandes, wir kennen alle Einzelheiten des gottesfürchtigen Lebens, das hier geführt werden sollte. Wir kennen auch die traurige, brutale Geschichte ihrer Vernachlässigung und Zerstörung und müssen nur kurz die Augen schließen, um in unserer Vorstellung die Türme und Zinnen wieder aufragen zu sehen und die gedämpften Laute mönchischer Aktivitäten und den Klang längst eingeschmolzener Glocken zu hören. Diese Ruinen erheben sich aus den Feldern wie die Spitzen eines versunkenen und unter vier Jahrhunderten begrabenen Atlantis. Die ausgeweideten Klöster stehen nutzlos zwischen Ackerfurchen, und die ursprüngliche Symmetrie der Bogen- und Wandelgänge ist nur anhand der geborstenen Säulen zu erkennen. An ihrer Basis wachsen Holunderbüsche und wuchern Farne und Brombeeren, und ihre Spitzen sind durch Bogen und zerbrochene Spandrillen verbunden, die sich in eleganten Kurven hoch über Baumwipfel wölben. Säulengruppen stützen den großen, leeren Kreis einer Rosette vor einem von Krähen bevölkerten Himmel. Es ist, als wäre vor Hunderten von Jahren ein gewaltiger Gregorianischer Choral jäh unterbrochen und auf seinem Höhepunkt in Stein verwandelt worden.

P. L. F. 1957

***

Es scheint unglaublich, dass diese Reisen zu Klöstern und die Aufenthalte dort dreißig Jahre zurückliegen. Hätte man mich gefragt, so hätte ich ohne langes Nachdenken geantwortet: höchstens zehn Jahre, denn dieser Abschnitt meines Lebens steht deutlicher vor mir als andere, spätere Phasen, an die ich mich nur verschwommen oder gar nicht erinnere.

In der Zwischenzeit habe ich eine Reihe anderer Klöster besucht: La Pierre qui Vire, St. Benoît-sur-Loire, Fossanova, Trisulti, Monte Oliveto, Subiaco, die Ruinen von Montecassino, die Kartausen Pavia und Jerez sowie Guadalupe und Yuste, Beuron, Gottweig und Melk, la Merced in Cuzco, Santa Catalina bei Arequipa in Peru, die bekannteren Klöster in Griechenland und die sehr frühen Gründungen arabisch- oder aramäischsprechender Gemeinschaften in den Schluchten bei Damaskus. Diese habe ich jedoch im Zuge anderer Reisen aufgesucht. Die einzigen Klöster, denen ich in großen Abständen Besuche wie die hier beschriebenen abgestattet habe, sind St. Wandrille und Quarr. Sie erscheinen mir jedes Mal gefestigter – Orte des Glaubens, der Weisheit, der Gelehrsamkeit, der Güte und der gemessenen und sorgsamen Beachtung der Ordensregeln, Orte, an denen vieles überlebt, was anderswo verändert oder aufgegeben worden ist. Wenn man die Stundengebete in der Sprache hört, die im fünften oder sechsten Jahrhundert von der Christenheit des westlichen Abendlandes gesprochen wurde, vergisst man die Umbrüche des zwanzigsten Jahrhunderts und spürt, dass die aus Noten und Silben geknüpfte Verbindung zwischen der frühen Kirche und der heutigen noch immer intakt ist: Dies könnten tatsächlich die gesungenen Worte gewesen sein, denen König Aethelbert und Königin Bertha lauschten, als Augustin, der spätere erste Erzbischof von Canterbury, auf der Insel Thanet landete.

Als dieses Buch erschien, fand es wohlwollende Kritiker und Leser, und zwar sowohl außerhalb als auch – soweit ich weiß, und davon weiß ich nicht viel – innerhalb von Klostermauern. Ein klösterlicher Kritiker jedoch brachte seine Einwände recht streng auf den Punkt: Ich hätte als Gast oberflächliche Bekanntschaft mit dem klösterlichen Leben gemacht; dass ich überhaupt darüber geschrieben hätte, sei indiskret und zudringlich. Das war ein Aspekt, der mir nicht so ins Auge gesprungen war, wie er es hätte tun sollen, doch ich verstand sogleich und nur allzu gut, was er meinte. Ich war zerknirscht und schrieb eine unbeholfene Entschuldigung an die Zeitung, in der die Kritik erschienen war. Bald darauf erhielt ich einen Brief von einem Mönch, den ich nicht kannte. Ohne den scharfen Worten des anderen zu widersprechen, gab er mir mit sehr viel Takt und Freundlichkeit zu verstehen, dass sein Bruder in meinem Fall äußerst streng gewesen sei und die Lauterkeit meiner Absichten außer Frage stehe.

Das Buch basierte – passagenweise wortwörtlich – auf den Briefen, die ich an eine Freundin (meine spätere Frau) geschrieben hatte, ohne auch nur einen Augenblick lang an eine eventuelle Publikation zu denken. Ich hielt mich damals oft in Frankreich auf, war stark von Huysmans beeinflusst und stöberte in Bibliotheken, Buchhandlungen und Antiquariaten. Ich begann mit Montalemberts *Die Mönche des Abendlands* und las dann alles, was ich über das Mönchtum und vor allem die Geschichte der Klöster in Frankreich finden konnte. Erst da kam mir der Gedanke, diese Monate in literarischer Form zu beschreiben, und als ich schließlich die Fahnenabzüge des Buches erhalten hatte, kehrte ich nach St. Wandrille zurück, um sie dem Abt zu zeigen. Wie der Leser sehen wird, bewunderte und verehrte ich ihn sehr; er war ein gelehrter, kultivierter, gütiger Mensch, dessen Urteil ich mit Spannung erwartete, und der Eindruck, den ich bekam, war ermutigend. Ihm gefielen die deskriptiven und historischen Passagen über sein Kloster, dem er tief verbunden war, und die Fehler, die er entdeckte, waren leicht zu korrigieren. Ich sagte, ich hätte wohl hier und da falsche Schlüsse gezogen. »Vom klösterlichen Standpunkt aus betrachtet haben Sie das natürlich!«, sagte er lächelnd. »Aber das sind genau die Passagen, die für mich das Buch interessant machen.« Ich verstand seine Worte so, wie ich hoffte, dass sie gemeint waren. Er sehe nichts, sagte er, was gegen mein Buch spreche, solange ich keinen Zweifel daran aufkommen ließe, dass ich hier ausschließlich meine persönliche Meinung wiedergegeben hätte.

Das Gespräch mit dem Abt war inoffiziell und privat; wir standen auf freundschaftlichem Fuß.

Vielleicht ließ er einfach Milde walten. Der Mönch, der mir später schrieb, hatte mich offenbar aufmuntern wollen, und das war ihm auch gelungen. Der Verfasser der Kritik dagegen vertrat die offizielle Haltung, insbesondere die der älteren Generation der Mönche – und natürlich hatte er recht. Ich hatte nicht daran gedacht, wie ärgerlich diese Auslassungen eines Außenstehenden für einen solchen Leser sein müssen – selbst Passagen wie die über die Bewahrung des Gregorianischen Choralgesanges, geschweige denn meine zaghaften Versuche in tieferem Wasser. Die Gäste eines Klosters, besonders jene Art von Gästen, zu denen ich gehöre, müssen nur *eine* Bedingung erfüllen: Sie dürfen das klösterliche Leben in keiner Weise stören. Durch die Arbeitsbelastung und die drohende Ablenkung von außen ist das Bedürfnis nach Stille und Abgeschiedenheit im Lauf der Zeit stärker denn je geworden, und entsprechend groß ist die Scheu vor einem wie auch immer gearteten öffentlichen Interesse. Heute würde ich dieses Buch anders schreiben oder vielleicht würde ich es auch gar nicht schreiben. In diesem Punkt bin ich vom rechten Weg abgewichen, und darum gilt meine Bitte um Vergebung auch heute noch.

Daher fragte ich mich, was ich tun sollte, als man nach vielen Jahren eine Neuauflage erwog. Vielleicht sprach die Tatsache, dass drei Jahrzehnte vergangen waren, für mich; jedenfalls fühlte ich mich dadurch ermutigt, dass das Urteil in den Kreisen, an deren Urteil mir lag – insofern es dort Meinungen zu diesem Thema gab und ich von ihnen Kenntnis bekam –, durchaus wohlwollend ausfiel. Der Tenor war: Zwar sei ich in einigen Teilen des Buches zu falschen Schlüssen gekommen, doch gebe es hinreichende Gründe, die für eine Neuauflage sprächen. Diese bot mir auch eine Gelegenheit, die im vorigen Absatz wiedergegebenen Gedanken zu formulieren. Ich habe Änderungen und Streichungen erwogen, aber das Buch ist ohnehin recht schmal, und längst veröffentlichte Texte können unter den Händen zu Staub zerfallen, wenn man in sie eingreift. Hier also ist, umgeben von einer höchst notwendigen Wolke aus Vorbehalten und Einschränkungen, mein nicht verbessertes Buch, und ich kann nicht verhehlen, wie es mich erleichtert, dass ein sehr wichtiges Kapitel meines Lebens eine zweite Chance bekommt.

P. L. F. 1982

Das Kloster St. Wandrille de Fontanelle

Mit Neugier und dunklen Vorahnungen näherte ich mich dem Kloster St. Wandrille, das auf einem Hügel neben der Straße von Rouen nach Yvetot liegt. Ich hatte in Rouen eine grässliche Nacht in einem kleinen Hotel in der Nähe des Bahnhofs verbracht, wo eine Serie von Albträumen vom Geräusch ein- und abfahrender Züge untermalt worden war. Nach einer beinahe schlaflosen Woche in Paris machten das Rumpeln und Pfeifen, das Zischen von Dampf und Rauch diese Nacht zu einer schweren und scheinbar nicht enden wollenden Folter. Nicht einmal die nebelverhangenen Windungen des Unterlaufs der Seine, die saftigen grünen Felder und die Pappelalleen, durch die der Bus am nächsten Morgen fuhr, konnten mich aus meiner Niedergeschlagenheit und inneren Schwerfälligkeit reißen, und jetzt, da ich durch den spätsommerlich warmen Wald den Hügel hinaufging, fragte ich mich, ob ich mein Vorhaben nicht lieber aufgeben sollte. Fast noch mehr als einen Erfolg fürchtete ich ein sofortiges Scheitern. Wenn das Kloster keinen Platz für mich hatte oder die Mönche mich aus irgendwelchen anderen Gründen nicht aufnehmen wollten, würde ich nach Paris zurückkehren und meine Pläne für die nächsten Wochen revidieren müssen. Ich kam unangemeldet, ein Unbekannter von der ketzerischen Insel jenseits des Ärmelkanals, und hatte nicht einmal die Ausrede, ich wolle an Exerzitien teilnehmen; eigentlich suchte ich nur nach einem ruhigen, billigen Ort, wo ich die Arbeit an einem Buch, das ich schrieb, fortsetzen konnte. In Paris hatte mir ein Freund erzählt, St. Wandrille sei eines der ältesten und schönsten Benediktinerklöster Frankreichs, und sogleich hatte ich Pläne geschmiedet und mich auf den Weg gemacht ...

Es war Sonntag, und das Torhaus war voller Besucher, die soeben die Messe gehört hatten und nun Bildchen, Medaillen, Rosenkränze und andere Devotionalien kauften. Ein geplagter Mönch mit Hornbrille beantwortete unzählige Fragen, und es verging eine Viertelstunde, bevor ich ihm mit erheblichem Bangen meine Bitte vortragen konnte. Er hörte mich freundlich an und bat mich zu warten, bis er mit dem Abt gesprochen habe. Als seine schwarz gewandete Gestalt sich durch den Garten näherte, sah ich, dass er lächelte. »Der höchst ehrwürdige Herr Abt ist bereit, Sie aufzunehmen«, sagte er, indem er meine schwere Tasche an sich nahm, »und heißt Sie willkommen.«

Einige Augenblicke später hatte eine Tür die Geräusche der Sonntagsausflügler verstummen lassen, und wir tauchten ein in ein stilles Labyrinth aus weißgestrichenen Treppenhäusern und Korridoren. Der Mönch öffnete eine Tür und sagte: »Dies ist Ihre Zelle.« Es war ein hoher Raum aus dem siebzehnten Jahrhundert mit einem bequemen Bett, einem Betpult, einem Schreibtisch, einem mit Gobelinstoff bezogenen Sessel, einer verstellbaren Leselampe mit grünem Schirm und einem ziemlich beunruhigenden Kruzifix an der weißen Wand. Durch das Fenster sah ich einen grasbewachsenen Innenhof mit einem kleinen Springbrunnen, die graue Seitenfront der Klostergebäude und die Mauer, die den Blick auf die Fachwerkhäuser des Dorfes versperrte. Dahinter lag ein Wald. Auf dem Schreibtisch standen ein großes Tintenfass und ein

Tablett mit Federhaltern, und daneben lag eine Schreibunterlage mit einem frischen Löschblatt. Mir blieb gerade noch Zeit, meine Kleider, Notizen und Bücher auszupacken, bevor eine große Glocke zu läuten begann und der Mönch von vorhin – es war der Gastpater – mich zum Mittagessen ins Refektorium führte. Wir gingen durch Gebäude des achtzehnten, dann des siebzehnten Jahrhunderts und der Gotik, und schließlich kamen wir zu einem außergewöhnlich schönen Kreuzgang mit diagonalen Gratrippen und einer Piscina. Vor einer großen, geschnitzten Tür, wo sich bereits die anderen Gäste des Klosters versammelt hatten, blieben wir stehen. Der Gastpater geleitete uns ins Refektorium, wo uns der Abt erwartete, ein hochgewachsener, weißhaariger, aristokratisch wirkender Mann mit einem schwarzen Käppchen und einem goldenen Brustkreuz an einem grünen Band. Er wechselte mit jedem der Gäste ein paar Worte; einige knieten nieder und küssten den großen Smaragd an seiner rechten Hand. Mich begrüßte er mit einer höflichen englischen Formel, die er offenbar vor langer Zeit von einer Gouvernante gelernt hatte. Ein Novize brachte eine silberne Kanne und eine Schüssel. Der Abt goss etwas Wasser über unsere

Hände, man reichte uns ein Handtuch, und damit war unsere Begrüßung nach benediktinischem Ritual vollzogen.

Das Dankgebet dauerte noch einige Minuten, und als wir uns setzten, stellte ich fest, dass ich zwischen zwei Priestern saß, deren Birette zusammengefaltet neben ihren Tellern lagen. Der lange Gästetisch stand in der Mitte des Refektoriums, vor dem erhöhten Platz des Abtes. Die Tische der Mönche waren in zwei Reihen entlang der Wände des riesigen Raums aufgestellt, dahinter bildeten romanische Säulen und ineinandergreifende normannische Rundbögen einen niedrigen Bogengang. Alles wirkte ungeheuer alt. Auf grauen Steinmauern erhob sich eine gotische Holzdecke, und über dem Tisch des Abtes hing ein riesiges Kruzifix. Als die Mönche mit einer gleichzeitigen, gleichförmigen Bewegung ihre Servietten in den Kragen steckten, hörte ich aus dem Schatten über uns eine körperlose Stimme, die Lateinisch sprach, und als ich aufblickte, sah ich am anderen Ende des Refektoriums in etwa sechs Meter Höhe eine von Säulen getragene Kanzel, die wie ein Schwalbennest in den Raum ragte und nur über eine verborgene Treppe zugänglich war. Diese hängende Kanzel bildete den

Rahmen für Kopf und Schultern eines Mönches. Er las im Licht einer Lampe, die diese leuchtende Nische aus dem Halbschatten hervortreten ließ. Seine leiernde Stimme wurde durch Lautsprecher verstärkt. Inzwischen trugen der Gastpater und eine Schar beschürzter Mönche das Essen auf: Gemüsesuppe und zwei hart gekochte Eier pro Person, gefolgt von Linsen mit Kartoffeln, Endiviensalat und Camembert, zu dem wir vorzügliches Brot aus der Klosterbäckerei aßen. Hin und wieder stand ein Mönch auf und kniete einige Minuten lang vor dem Tisch des Abtes. Auf ein Zeichen von diesem stand er dann wieder auf, verbeugte sich tief und kehrte zu seinem Platz zurück … Vermutlich angeregt durch viktorianische Öldrucke hatte ich Ströme von Rotwein erwartet, doch die Metallkannen auf unseren Tischen enthielten leider nur Wasser.

Der Rezitator fuhr fort, allerdings nicht mehr auf Lateinisch, sondern auf Französisch und in einem düsteren, monotonen und für mich weitgehend unverständlichen Tonfall. Ich erkannte einige Personennamen – Louis Philippe, Dupanloup, Lacordaire, Guizot, Thiers, Gambetta, Montalembert – und schloss daraus, dass es sich um eine Abhandlung über die französische Geschichte des neunzehnten

Jahrhunderts handelte. Diese sonderbare Art, einen laizistischen Text vorzulesen, erschien mir zunächst absurd und eigenartig salbungsvoll, doch dann ging mir auf, dass diese Art des Vortrags ursprünglich dazu diente, kein eitles Pathos aufkommen zu lassen und die Schwierigkeiten der wenig gebildeten Vorleser in den Zeiten des heiligen Benedikt auf ein Minimum zu beschränken. Während des Essens wurde sonst kein Wort gesprochen. Die Tische wurden abgeräumt, doch die Mönche blieben mit gesenktem Blick sitzen, die Hände unter den Skapulieren gefaltet. Der Abt schlug mit einem kleinen Hammer auf den Tisch, worauf der Vorleser verstummte, sich so tief über die Balustrade der Kanzel beugte, dass es schien, als würde er gleich hinunterstürzen, und die Worte sang: *Tu autem Domine miserere nobis.* Alle erhoben sich, verbeugten sich tief, bis ihr Oberkörper im rechten Winkel zu ihren Beinen stand und die Hände auf den Knien lagen, und sangen ein langes Dankgebet. Dann richteten sie sich auf, verbeugten sich vor dem Abt und gingen langsam und in Zweierreihen aus dem Refektorium, um zwei Seiten des Innenhofes herum und durch den Mittelgang der Kirche. Dort beugten die Mönche paarweise die Knie, verneigten sich voreinander und traten in gegenüberliegende Kirchenbänke. Der Gesang dauerte noch etwa zehn Minuten, dann verließen die Mönche ebenso ernst wie zuvor, jedoch in umgekehrter Reihenfolge, die Kirche. Im Kreuzgang lösten sich die Zweierreihen auf, und die schwarz gekleideten Gestalten entschwanden in andere Bereiche des Klosters.

In meiner Zelle setzte ich mich an den Tisch, auf dem die neue Schreibunterlage, die Federhalter und ein Stapel unbeschriebenes Papier lagen. Ich hatte um Stille, Abgeschiedenheit und Frieden gebeten, und all das hatte ich nun – jetzt musste ich nur noch schreiben. Doch es verging eine Stunde, in der gar nichts geschah. Draußen fiel Regen auf den Wald, und ein Gefühl von Depression und unaussprechlicher Einsamkeit traf mich wie ein Hammerschlag. An der Innenseite meiner Tür hingen die »Regeln für unsere Gäste«, denen ich eine Fülle wenig aufmunternder Informationen entnahm. Ich erfuhr, dass der Tagesablauf der Mönche um vier Uhr mit den ersten Offizien, Matutin und Laudes, begann, gefolgt von Zeiten für private Messen, Lesen und Meditation. Für die Gäste begann der Tag um Viertel nach acht mit der Prim und dem anschließenden, schweigend eingenommenen Frühstück. Das Klosterhochamt um zehn Uhr war eingerahmt von Terz und Sext. Mittagessen um eins. Non und Vesper um fünf. Abendessen um halb acht. Um halb neun Komplet. Um neun gingen alle schweigend zu Bett. Der Gast wurde ausdrücklich auf das Schweigegebot während der Mahlzeiten hingewiesen. Man war angehalten, seine »Erholung« allein zu suchen und die Mönche nur mit Erlaubnis des Abtes anzusprechen, im Kloster keinen Lärm zu machen und nicht im Kreuzgang zu rauchen, die Stimme zu senken und die Schweigeperioden strikt einzuhalten. Diese Regeln erschienen mir unglaublich streng. So viel Ernst und Stille! Dieser Ort war wie ein riesiger Sarkophag, wie eine Nekropole, deren einziger lebender Bewohner ich war.

Die erste Glocke läutete bereits zur Vesper, und ich ging hinunter zum Kreuzgang und sah zu, wie sich die Mönche schweigend versammelten, um in gemeinsamer Prozession die Kirche zu betreten. Über ihrem Habit und dem Skapulier trugen sie schwarze Kutten mit Kapuzen, die über die der Habits passten. Diese Gewänder waren so weit, dass ihre Träger nicht zu gehen, sondern zu gleiten schienen. Die Hände der Mönche waren, wie die von Mandarinen, unsichtbar in den Ärmeln verschränkt und die gebeugten Köpfe fast ganz in den großen, spitzen Kapuzen verborgen. Diese Kleidung eignete sich hervorragend, um individuelle Unterschiede verschwinden zu lassen! Die Männer waren die exakten Ebenbilder der schurkischen Mönche in Mrs Radcliffes Büchern oder der Übeltäter in protestantischen Hetzschriften, und doch wirkten sie nicht unheimlich, sondern tieftraurig. Nur im Refektorium und in der Kirche bekam ich ihre Gesichter zu sehen, und als ich mich nun zum Vespergottesdienst setzte und sie beobachtete, wie sie, je nachdem, was die Liturgie erforderte, ihre Kapuzen auf- und absetzten, erschienen sie mir unnatürlich bleich – manche hatten einen grünlichen Schimmer. Bei fast allen spannte sich die Gesichtshaut über den Knochen, doch obgleich oft eine tiefe Höhlung den Schatten unter den Backenknochen verstärkte, waren die Gesichter der Mönche praktisch faltenlos, und diese glatte Hagerkeit unterschied sie von allen anderen Gesichtern. Sie sahen vollkommen anders aus als die wilden, schnurrbärtigen Brigantengesichter der griechischen Mönche vom Berg Athos oder in Meteora, deren Augen glühten und blitzten und zwinkerten, wahrend die Stirn darüber immerfort in Falten des Zorns, des Lachens oder der Konzentration gelegt war oder sich mit einem Mal in sanftem, olympischem Wohlwollen entspannte. Ich musste oft an die Kluft zwischen den Mönchen der weströmischen und der oströmischen Kirche denken. Eine verhüllte Gestalt glitt vorüber, und ich erinnerte mich plötzlich mit einem Lächeln an die Väter Dionysios und Gabriel und die Brüder Theophylaktos, Christos und Polykarpos, meine bärtigen, langhaarigen Gastgeber mit den zylindrischen Hüten, die mich während des Krieges auf Kreta versteckt und beschützt hatten: Sie hatten Raki eingeschenkt und Walnüsse geknackt, Hirtenlieder gesungen und Pistolen gereinigt, sie hatten mich über Churchill ausgiebig ins Kreuzverhör genommen und, wenn die Sonne senkrecht über dem Mittelmeer stand, unter Olivenbäumen geschnarcht … Doch hier, in den borealen Schatten des Klosters, sah ich nie ein Lächeln oder Stirnrunzeln. Nie, schien mir, hatte ein seismischer Schock aus Gelächter oder Zorn oder Angst die stille Physiognomie dieser mönchischen Gesichter erschüttert. Ihr Blick war immer zu Boden gerichtet, und wenn sie ihn hin und wieder hoben, so war darin kein verräterisches Glitzern, sondern nichts als eine unermüdlich kultivierte Ruhe, Reserviertheit und Milde und gelegentlich ein Ausdruck leiser, ausgebrannter Melancholie. Das gedämpfte Licht in der Kirche legte einen Schleier zwischen uns und erzeugte die Atmosphäre eines Ateliers aus dem frühen siebzehnten Jahrhundert, in dem – tonsuriert, wächsern, asketisch, blutarm – die Modelle eines Zurbarán und El Greco ins Gebet versunken dastanden. Nicht zufällig folgten diese Maler zeitlich so dicht auf die heilige Teresa von Ávila und den heiligen Johannes vom Kreuz und bildeten die äußerlichen Stigmata des klösterlichen Lebens, des Gebets, der Meditation, der Kasteiung und der mystischen Erfahrungen so getreulich ab – die Spuren der dunklen Nacht der Seele, der Bezwingung himmlischer Berge, der Erforschung der inneren Kammern. Nach der Vesper und mehr noch einige Stunden später, nach der Komplet, hatte ich das Gefühl, dass die Temperatur dieses klösterlichen Organismus sich dem Nullpunkt näherte, dass das Blut, das ihn durchströmte, mit jeder Sekunde dünner wurde und langsamer floss, als würde das Herz schließlich unmerklich aufhören zu schlagen. Diese Männer lebten tatsächlich so, als könnte jeder Tag ihr letzter sein: Sie hatten ihren Frieden mit der Welt gemacht und die Absolution empfangen, sie waren gestärkt durch die Sakramente und stets bereit, sich ohne Schmerz zu verabschieden. Wenn es so weit war, würde ihnen der Übergang vom Leben zum Tod sehr leichtfallen. Das Schweigen, die Erscheinung, den Ausdruck, den Gang von Geistern besaßen sie bereits – der letzte Schritt würde nur noch eine Kleinigkeit sein. »Und dann«, fuhr ich in Gedanken fort, »wenn die Himmelspforte unter Fanfarenklängen geöffnet wird – was geschieht dann? Werden sich diese stillen Menschen auf den mit Beryll, Sardonyx und Hyazinth gepflasterten Straßen nicht fehl am Platz fühlen? Gibt man nach so vielen Jahren der Abgeschiedenheit nicht einem immer währenden Zwielicht und ein paar Zypressen den Vorzug …?« Das Kloster lag in tiefem Schlaf, und doch war es geradezu lächerlich früh – um diese Zeit versuchten meine Freunde in Paris (die mir plötzlich sehr fehlten) sich noch zu entscheiden, wo man zu Abend essen sollte. Nachdem ich den Rest einer in Rouen gekauften Flasche Calvados getrunken hatte, setzte ich mich mit einem Gefühl überwältigender Niedergeschlagenheit und Apathie an den Schreibtisch. Ich sah mich in der weißen Schachtel um, die meine Zelle war, und litt unter dem, was Pascal als Wurzel allen menschlichen Übels bezeichnet hat.

***

An der Geschichte des Klosters St. Wandrille lässt sich die religiöse und weltliche Geschichte Frankreichs über fast drei Viertel des christlichen Zeitalters hinweg ablesen. Bis heute erhaltene Chroniken und die berühmte *Gesta Abbatum* erzählen von den Anfängen des Klosters, als der Norden Frankreichs in die Schattenreiche Neustrien und Austrien zerfiel – sumpfige, dichtbewaldete Regionen voller Wölfe und Wildschweine. Der vollständige Name des Klosters lautet Abbaye de St. Wandrille de Fontanelle. Es sind darin also sowohl der heilige Gründer als auch der kleine Fluss – *ruissel et fontaine de merveilleuse beauté* – vereint, an dessen Ufer der heilige Wandrille 649 mit einer Handvoll Mönche ein Stück Wald rodete und das erste Klostergebäude errichtete. Wandrille stammte aus einer hochgestellten Familie. Er war ein Cousin Pippins des Älteren sowie eines Haushofmeisters einer austrischen Pfalz und lebte eine Zeitlang am Hof König Dagoberts, doch kehrte er diesem Leben und der Aussicht auf eine glänzende Heirat den Rücken und wanderte von Kloster zu Kloster nach Süden. Er verbrachte einige Jahre beim heiligen Columbanus, dem strengen irischen Abt von Bobbio in Gallia Cisalpina, und verließ Bobbio, um das Kloster zu gründen, das seinen Namen trägt. Nachdem er zahlreiche Wunder gewirkt und eine Menge Teufel ausgetrieben hatte, starb er daselbst im Geruch der Heiligkeit. Das Kloster wuchs und gedieh, und nicht weniger als siebzehn von Wandrilles Nachfolgern wurden heiliggesprochen. Unter dem heiligen Hugo, einem Neffen Karl Martells, der ein halbes Jahrhundert vor Karl dem Großen die Mauren aus Südwestfrankreich vertrieb, erreichte der Herrschaftsbereich von St. Wandrille seine größte Ausdehnung, denn Hugo war nicht nur Abt des bedeutenden Tochterklosters Jumièges, sondern auch Erzbischof von Rouen und Bischof von Paris und Bayeux, und das Kloster besaß Sprengel und Prioreien in ganz Nordfrankreich sowie in weit entlegenen Landesteilen wie Burgund und der Provence. Danach erlebte es unter verschiedenen Äbten Zeiten des Niedergangs und des Aufstiegs. Manchmal war der Inhaber dieses Amtes eher Krieger als Kleriker, ein Mann im Kettenhemd, dem Bogenschießen und der Fechtkunst mehr zugetan als seinen seelsorgerischen Pflichten. Manchmal war er ein großer Ekklesiast, dessen Hingabe und Eifer das Kloster zu einem Hort der Gelehrsamkeit machte: Man gründete Schulen, erweiterte die Bibliothek, illuminierte und transkribierte Manuskripte. Im neunten Jahrhundert kamen die Normannen mit ihren gehörnten und geflügelten Helmen in schlanken Schiffen aus Skandinavien und eroberten und verwüsteten die gesamte Region. Bald lag das Kloster in Schutt und Asche, und hundert Jahre lang wanderten die Mönche im Land umher und besaßen nichts außer den Reliquien ihres Gründers. Doch Mitte des zehnten Jahrhunderts waren sie wieder da, bauten Kloster und Kirche erneut auf und sandten Mönche aus, um die nachlässig gewordene Gemeinschaft des Klosters von Mont Saint-Michel wieder auf den rechten Weg zu bringen. St. Wandrille lag mitten in dem Gebiet, in dem Herzog Wilhelm die Truppen für seine Invasion nach England aushob, und nach der Eroberung erhielt das Kloster vier Pfründen in England. (Da nie ein Gesetz verabschiedet wurde, das die damit verbundenen Privilegien entzogen hätte, ist der Abt von St. Wandrille übrigens auch heute noch Mitglied des Domkapitels der Kathedrale von Salisbury.)[1] Im dreizehnten Jahrhundert zerstörte ein verheerendes Feuer das Kloster, doch danach wurde emsig gebaut und erweitert; Türme und Zinnen ragten in den Himmel, und 1395 verlieh Bonifaz IX. dem Abt und seinen Nachfolgern die Bischofswürde. St. Wandrille stand im Mittelpunkt der dynastischen Auseinandersetzungen zwischen den Plantagenet und den Valois, und während des Hundertjährigen Krieges war es, zum Nachteil der religiösen Disziplin, eher eine Festung als ein Kloster.

1502 kam das Übel des Kommendenwesens über St. Wandrille, ein Übel, dessen Auswirkungen auf die französischen Klöster nicht weniger katastrophal waren als die Schäden, welche die Reblaus Jahrhunderte später in ihren Weingärten anrichtete. Höflinge, die nie Mönche gewesen und oft nicht einmal zum Priester geweiht waren, erhielten für Dienste, die sie dem Staat erwiesen hatten, oder

[1] Im zwölften Jahrhundert waren St. Wandrilles englische Besitzungen (von denen die meisten allerdings lange vor der Säkularisierung aufgelöst wurden) recht umfangreich. Das Kloster besaß unter anderem die Sprengel Whitchurch, Bridport und Burton in Dorset, Upavon, Manningford und Sherston in Wiltshire, Wandesford im Erzbistum Winchester, Ecclesfield in Yorkshire und Towcester in Northamptonshire sowie eine beeindruckende Zahl von Pfründen, Zehntrechten, Pfarrländereien, Mühlen, Wäldern und anderen Besitztümern auf dem Lande.

infolge von Vetternwirtschaft und Intrigen Klöster und Prioreien. Sie schöpften zwei Drittel der Einnahmen ab und hielten sich so gut wie nie in ihren klösterlichen Lehen auf. St Wandrille wurde zum Eigentum einer Reihe Adliger, die sich dort nie sehen ließen, doch irgendwie gelang es den Mönchen, ihren Lebensrhythmus und ihre Disziplin zu bewahren. Anscheinend ist St. Wandrille keine der Katastrophen, die Frankreich betroffen haben, erspart geblieben. Das Kloster spielte sowohl beim Aufstand der Fronde als auch in den Religionskriegen eine Rolle. 1562 wurde es von den Hugenotten unter Montgomery entweiht und geplündert. Fast auf den Tag genau dreihundert Jahre nach seiner Fertigstellung stürzte 1631 der gotische Glockenturm ein, und etwa zur selben Zeit wurden die maurinischen Reformen eingeleitet – eine Maßnahme, die in der folgenden Zeit philosophischer Zweifel die Moral der Mönche stärkte. Das Kloster hatte in materieller Hinsicht alle Höhen und Tiefen erlebt, doch seine Rechtgläubigkeit hatte allen Gefahren widerstanden, die von Port-Royal und dem Jansenismus, von Quietismus und Gallikanismus ausgingen.

Im Zuge der Französischen Revolution wurden

alle religiösen Institutionen aufgelöst. Die Mönche zerstreuten sich in alle Winde, die Bibliothek wurde aufgeteilt und versteigert, die Klostergebäude verkauft. Den größten Teil der alten Klosterkirche riss man ab; die behauenen Steine wurden tonnenweise und zu Billigpreisen als Baumaterial abgegeben. 1863 erwarb ein Ire, der Marquis – und später der Duc – de Stacpoole das Kloster und restaurierte es, und zwar in romantischem und oft höchst unpassendem Stil. Er entstammte einer irischen Landadelsfamilie mit einer eigenartigen Vorliebe für ausländische Titel: Sein Vater war von Ludwig XVIII. zum Vicomte und Comte, von den Päpsten Leo XII. und Gregor XVI. zum Marquis und Duc gemacht worden. Dieser ungewöhnliche Edelmann erhielt später die Priesterweihe und wurde Monsignore und Hauskaplan des Papstes. Die ältesten Dorfbewohner erinnern sich noch daran, dass während der deutschen Besatzung nach dem Deutsch-Französischen Krieg auf dem Klostergebäude die englische Fahne gehisst war. Unter dem berühmten Abt Dom Joseph Pothier, der sehr viel für die Erneuerung des Gregorianischen Chorals getan hat, kehrten die Benediktiner 1894 zurück, nach fast einem Jahrhundert der Abwesenheit, doch 1901 sorgte die gegen die Klöster gerichtete Gesetzgebung unter Premierminister Waldeck-Rousseau, der den Spottnamen *le Petit Père Combe* trug, dafür, dass sich die französischen Klöster wieder leerten. Die Mönche von St. Wandrille fanden Zuflucht in Belgien, und das Kloster ging wieder einmal in die Hand von Fremden über. Seine letzten weltlichen Bewohner waren Maurice Maeterlinck und Georgette Leblanc, die die Gebäude als Kulisse für ausgefeilte Laiendarbietungen benutzten. *Macbeth* und *Pelléas et Melisande* wurden bei Fackellicht in den Kreuzgängen und im Refektorium aufgeführt, und Maeterlinck jagte, unentwegt rauchend und verfolgt von einer Meute bellender Terrier, ganze Vormittage lang auf Rollschuhen durch die Gänge und suchte eine Inspiration … 1930 jedoch zogen die Mönche wieder ein. Bei Kriegsausbruch wurden viele als Offiziere, Unteroffiziere und einfache Soldaten zur Armee eingezogen, denn das französische Gesetz sieht keine Ausnahme für Mitglieder religiöser Orden vor. Die Übrigen erhielten das klösterliche Leben auch während der deutschen Besatzung aufrecht. Während der Invasion in der Normandie lag St. Wandrille mitten im Kampfgebiet, und ein Teil der Gebäude aus dem siebzehnten Jahrhundert wurde durch

Bomben der Alliierten zerstört. Sechzig oder siebzig Mönche und Laienbrüder – Vertreter einer klösterlichen Bruderschaft, die dreizehnhundert Jahre überdauert hat und die nicht zugrunde gerichtet werden konnte – bewohnen jetzt die uralten Gebäude, und es ist, als habe nie etwas den ruhigen Rhythmus dieses Lebens gestört. Ihr Vorsteher ist der Abt, der mich im Refektorium begrüßte: der höchst ehrwürdige Dom Gabriel Gontard, achtundsiebzigster Nachfolger des heiligen Wandrille.

* * *

Der erste Eindruck, den ich im Kloster gehabt hatte, dauerte nicht an: Ich hatte nicht mehr das Gefühl allgegenwärtigen, drohenden Todes, das Gefühl, irrtümlich in einer Katakombe eingeschlossen worden zu sein. Ich glaube, es dauerte etwa vier Tage, bis sich diese Veränderung bemerkbar machte. Ich empfand jene Verlorenheit, jene Einsamkeit und Leere, die den Wechsel von exzessivem städtischem Leben zu ländlicher Abgeschiedenheit stets begleitet. Hier im Kloster, in absolut ungewohnter Umgebung, war die Kluft, die ich zu überbrücken hatte, sehr viel größer als sonst. Man neigt dazu, die Idee des klösterlichen Lebens ohne weitere Analyse oder Deutung als ein Phänomen hinzunehmen, das es schon immer gegeben hat. Nur wer eine Weile in einem Kloster gelebt hat, kann den gewaltigen Unterschied zu dem Leben, das wir normalerweise führen, ermessen. Diese beiden Lebensweisen haben gar nichts miteinander gemeinsam, und das Licht und das Zeitgefühl, die Geräusche und Stimmungen, die Gedanken und Ziele der Mönche sind nicht nur vollkommen anders als alles, was wir kennen, sondern auf eigenartige Weise seine genaue Umkehrung. Die Zeit, in der die gewohnten Maßstäbe in den Hintergrund treten und diese seltsame neue Welt Realität wird, vergeht langsam, und der Gewöhnungsprozess ist zunächst sehr schmerzhaft.

Ich fand nachts nicht viel Schlaf und schlief dafür tagsüber ein, ich fühlte mich rastlos, wenn ich allein in meiner Zelle war, und es deprimierte mich, dass mir das gewohnte reichliche Quantum Alkohol versagt war. Das bemerkenswerteste Symptom war die Veränderung meiner Schlafgewohnheiten: Nachdem ich anfangs unter Schlaflosigkeit und Albträumen gelitten hatte und tagsüber eingenickt war, stellte ich bald fest, dass mein Bedürfnis nach Schlaf gewaltig wuchs, bis ich schließlich weit mehr Zeit im Bett als auf den Beinen verbrachte – dabei schlief ich so tief, als hätte ich ein starkes Mittel genommen. Zwei Tage lang waren Mahlzeiten und Gottesdienste – Messe, Vesper und Komplet – fast die einzigen Augenblicke, die ich im Wachzustand erlebte. Dann begann eine außerordentliche Verwandlung: Die extreme Müdigkeit verschwand, die Nacht schrumpfte auf fünf Stunden leichten, traumlosen, herrlichen Schlafs, aus dem ich erfrischt und voller Tatendrang erwachte. Die Erklärung ist einfach: Der Wunsch nach Unterhaltung, Bewegung und hektischen Gesten, der mich von Paris hierher begleitet hatte, fand an diesem Ort der Stille keine Antwort, keine Resonanz, und nachdem er im Vakuum noch eine Weile kläglich gestikuliert hatte, war er immer matter und blasser geworden und schließlich mangels Nahrung und Reizzufuhr gestorben. Darauf war die gewaltige Müdigkeit, die wahrscheinlich jeder Zeitgenosse in sich trägt, über mich hereingebrochen und hatte alles überschwemmt. Nachdem ich dieser Flut von Schlaf entstiegen war, wurden keinerlei Anforderungen an mich gestellt; meine Energie versickerte nicht automatisch in Tischgesprächen, oberflächlichen Plaudereien, dem Gedränge und der Hektik in öffentlichen Verkehrsmitteln und tausenderlei anderen

Trivialitäten, die das tägliche Leben vergiften. Selbst die Hauptursachen für Schuld- und Angstgefühle waren von mir gewichen: Diese suchten mich nicht mehr wie Quälgeister in den frühen Morgenstunden heim und schienen auch ihre dämonische Kraft verloren zu haben. Dies alles bescherte mir täglich neunzehn Stunden absoluter, göttlicher Freiheit. Die Arbeit fiel mir immer leichter, und wenn ich nicht arbeitete, las ich oder erkundete die Klostergebäude und die Umgebung. Das Kloster war jetzt das Gegenteil einer Grabkammer: Kein Ort des Vergessens oder der Zügellosigkeit, sondern eine stille Universität, ein Landhaus, ein Schloss, das in den Lüften schwebte und gewöhnlichen Sorgen und Ärgernissen entrückt war. Ein Vers aus der Komplet drückte ebenfalls diesen Gedanken aus, und sicher war es die unbewusste Erinnerung daran, die mich veranlasste, ihn aufzuschreiben: *Altissimum posuisti refugium tuum ... non accedet ad te malum et flagellum non appropinquabit tabernaculo tuo.*

Langsam verwandelten sich die Mönche von zweidimensionalen Gestalten auf gegenreformatorischen Bildern in wirkliche Menschen, auch wenn der Gastpater praktisch der Einzige war, mit dem ich sprach. Dieser sympathische Mann – Pater Tierce –

lebte im Gästehaus und war anfangs meine einzige Verbindung zum mönchischen Leben ringsum. Nach der Benediktregel erfordern die Ämter des Gastpaters und des Kellermeisters nächst denen des Abtes und des Priors die größte Festigkeit des Glaubens und Charakters, denn ihre Inhaber sind täglich, stündlich dem ablenkenden Einfluss der Außenwelt ausgesetzt. Pater Tierce war ein hilfsbereiter, selbstloser Mensch, dem einzig und allein an der Zufriedenheit und dem Wohlgefühl der ihm Anvertrauten zu liegen schien: Er wies ihnen einen Platz bei den Gottesdiensten an, sorgte dafür, dass die Zellen wohnlich waren, rief sie zu den Mahlzeiten und lotste sie zwischen den Riffen und Untiefen des klösterlichen Lebens hindurch. Die Augen hinter seiner Hornbrille strahlten, und dann eilte er mit wehendem Gewand davon, um irgendeine gottgefällige Arbeit zu verrichten. Er war es auch, der mich in die Obhut des Bibliothekars gab, eines jungen und umfassend gebildeten Mönches, der mich durch ein gewaltiges, mit Büchern gefülltes Labyrinth führte, das einen ganzen Gebäudeflügel aus dem siebzehnten Jahrhundert einnahm. Die Bibliothek war in hervorragendem Zustand und, angesichts der Wechselfälle, die das Kloster betroffen hatten, gewaltig groß. Pergamentgebundene Folio- und Quartbände sowie tausende von alten und modernen Werken über Theologie, kanonisches Recht, Dogmatik, Leben und Schriften der Kirchenväter, Lebensgeschichten der Heiligen, Bücher über Mystik und sogar Magie und fast ebenso viele über säkulare Geschichte, Kunst und Reisen reihten sich aneinander. Lyrik, Dramen, Bücher über Heraldik, die gesamte griechische und römische Literatur, eine besondere Abteilung mit Werken über die Geschichte und Geografie der Normandie, eine extrem gut bestückte und moderne Referenzbibliothek sowie hebräische, arabische, aramäische, chaldäische und hunderte englischer Bücher vervollständigten den Katalog. Der Bibliothekar gab mir einen Schlüssel und die Erlaubnis, so viele Bücher in meine Zelle mitzunehmen, wie ich wollte. Wie alle Klosterbibliotheken enthielt auch diese eine Reihe von Werken, die, weil sie im Widerspruch zur Lehrmeinung standen, auf den Index gesetzt worden waren, und einige, deren Inhalt den klösterlichen Frieden gestört hätten, waren in einem Schrank verschlossen, der *enfer* genannt wurde. Mehrere Male bat ich im Zuge meiner Studien um Bücher aus diesen beiden Kategorien und erhielt sie ohne Umstände. Gewöhnlich arbeiteten einige Mönche in der Bibliothek: Sie lasen und schrieben an den Tischen oder stiegen auf der Suche nach entlegenen Informationen die Leitern hinauf und hinunter.[2]

Nach und nach knüpfte ich Kontakte zu anderen Mönchen und war über die Art der Gespräche, die wir führten, überrascht. Ich fand keine Spur von finsterem Mittelalter, von Heuchelei oder todessehnsüchtiger Düsternis und auch nichts von jener schrecklichen Munterkeit, die das peinliche Kennzeichen so vieler englischer Geistlicher ist. Ihre Achtung vor der Sache, der sie ihr Leben verschrieben hatten, stand außer Frage, doch sie benahmen sich nicht anders als irgendein kultivierter, gebildeter Franzose und waren so ausgeglichen, belesen und intelligent, wie man es von einem solchen Menschen erwarten konnte. Der einzige Un-

[2] Das wunderschöne Brevier von St. Wandrille aus dem Jahr 1535 ist nur in einem einzigen Exemplar erhalten, das sich im Besitz der Bodleian Library befindet. Man weiß nicht, wie das nur ein Jahr vor der Auflösung der englischen Klöster entstandene Brevier seinen Weg nach England gefunden hat, denn alle Verbindungen zwischen dem Kloster und seinen ehemaligen Prioreien und Sprengeln in England waren zu diesem Zeitpunkt längst unterbrochen. Das Brevier war gedruckt worden, um bestimmte liturgische Eigenheiten von St. Wandrille für die Mönche zu bewahren. Es ist ein Schatz, den das Kloster nur zu gern zurückhaben möchte.

terschied bestand in der Sanftheit, der Abwesenheit von Eile, der Ruhe, die der ganzen Gemeinschaft zu eigen war. Als ich sie bei den Gottesdiensten und Mahlzeiten gesehen hatte, hatte ich den Eindruck gehabt, sie seien vielleicht unfähig zu Heiterkeit, Neugier oder anderen normalen Gefühlsäußerungen.

Neben dem ersten Postulat des Glaubens an Gott, ohne den ein klösterliches Leben absurd und unerträglich wäre, ist der dominierende Faktor ein Glaube an die Notwendigkeit und Wirksamkeit des Gebets, und erst wenn man versucht, die Bedeutung zu verstehen, die dieses Prinzip – das von allen Tendenzen der modernen säkularen Gedankenwelt so weit entfernt ist – für die Mönche hat, die es täglich praktizieren, kann man diesen Grundstein des Mönchtums begreifen. Das gilt besonders für kontemplative Orden wie die Benediktiner, die Kartäuser, die Karmeliter, die Zisterzienser, Kamaldulenser und Silvestriner; die anderen – Franziskaner, Dominikaner oder Jesuiten – sind auf das Handeln ausgerichtet: Sie reisen, unterrichten, predigen, bekehren, organisieren, planen, heilen und pflegen, und die materiellen Resultate bewirken, dass der Zeitgeist sie zwar nicht automatisch bewundert, aber doch wenigstens versteht. Sie erzielen Resultate, sie erreichen etwas. Aber auf welche guten Taten, fragt der Zeitgeist, können die anderen verweisen, die eingeschlossen zwischen Klostermauern und ohne jeden Kontakt zur Welt leben? Sofern man die Wahrheit des christlichen Glaubens und die Wirksamkeit des Gebets als unbewiesen abtut, kann die Antwort nur lauten: Diese Mönche bewirken nicht mehr als irgendwelche anderen Menschen, die ein gutes Leben führen, keinerlei materielle Ansprüche an die Gesellschaft stellen (die Klöster sind wirtschaftlich autark), niemandem ein Leid zufügen und ihre Nächsten achten. Doch wenn man diese beiden Prinzipien – und im Zusammenhang mit unserem Thema besonders das letztere – als gültig ansieht, dann ist die Fähigkeit der Klöster, Gutes zu bewirken, unermesslich groß. Der Glaube an diese Fähigkeit und an die Notwendigkeit, Gott täglich, stündlich zu dienen, ist die treibende Kraft im benediktinischen Leben. Dieser Glaube war es, der den heiligen Benedikt zu einem Einsiedlerleben in den Sabiner Bergen und nach dreijähriger Askese zur Gründung der ersten benediktinischen Gemeinschaft trieb. Seine Klosterordnung (die Benediktregel) umfasst dreiundsiebzig kurze, kluge

Kapitel, in denen er seine Theorie erläutert und die Regeln des mönchischen Lebens festlegt. Diese zielen einzig und allein darauf ab, die Mönche von der Welt abzuschirmen, damit der bestmöglichen Nutzung dieser gewaltigen Kraft nichts im Wege steht. Das Gelübde der Armut, der Keuschheit und des Gehorsams soll diese Männer von den Fesseln befreien, die sie an die Welt binden, und sie frei machen zu handeln, zu beten und Gott zu dienen, mit einem Wort: ein gottgefälliges Leben zu führen. Der Hauptgottesdienst ist natürlich die Messe, doch die Abfolge von Offizien zu den sieben kanonischen Stunden, die auf die Mette folgen – Laudes, Prim, Terz, Sext, Non, Vesper und Komplet, ein Zyklus, der in den frühen Morgenstunden beginnt und nach Sonnenuntergang endet –, sorgten früher und sorgen auch heute noch für ein beinahe militärisches Reglement. Die Mönche verbringen täglich dreieinhalb bis vier Stunden in der Kirche. Doch abgesehen von den Stunden, in denen sie private Studien betreiben können, gibt es auch Zeiten, die für das Studium der Geschichte der Märtyrer, für Selbstprüfung, stilles Gebet und Meditation vorgesehen sind. Man braucht nur einen Blick auf die große Zahl der frommen und mystischen Werke zu werfen, die in der christlichen Ära verfasst worden sind, um eine Vorstellung von den Schwierigkeiten, der Komplexität, den Fallstricken und Belohnungen dieser Art von spiritueller Übung zu bekommen. So sonderbar sie dem *homme moyen sensuel* auch erscheinen mögen – dies sind die Dinge, nach denen ein Mönch den größten Teil seines Lebens strebt. Die Bandbreite reicht von der Wiederholung einfacher Gebete, zuweilen begleitet vom Zählen der Perlen des Rosenkranzes, bis hin zur hoch entwickelten geistigen Übung der Hingabe und Meditation. Und manchmal begibt sich die Seele auf eine jener gefährlichen mystischen Reisen, die, nach Zeiten der Läuterung und Erleuchtung, in Augenblicken der überwältigenden Einswerdung mit Gott kulminieren. Es sind Erfahrungen, die der Mystiker, gezwungen durch die Armut der Sprache, in der Terminologie profaner Liebe beschreiben muss: Es handelt sich um persönliche, intime Begegnungen, von deren Möglichkeit man in England seit den Zeiten von Donne, Quarles, Herbert, Vaughan und Traherne nichts mehr ahnt. Hier ergießt sich täglich ein nie versiegender Strom von Gebeten, die, sofern sie wirksam sind, uns allen zugutekommen. Unter Menschen, die diesen spirituellen Gemeinschaften angehören, sind Sätze wie: »Bete für mich« oder »Gib mir deinen Segen« keine leeren Formeln, sondern Bitten um konkrete, wirkungsvolle Taten. Und man kann sich leicht vorstellen, wie berühmt und verehrt vor dem Zeitalter des Skeptizismus jene Männer waren, die ihr Leben damit verbrachten, in den stillen Arbeitsstätten des Geistes diese nicht greifbaren, aber gleichwohl unendlich kostbaren Schätze zu sammeln. Sie sind die unbekannten Helfer, die die moralischen Schulden der Menschheit verkleinern, *les paratonneres* (wie Huysmans sagt) *de la société*. Im Vergleich zur Ewigkeit ist das Leben für einen Mönch kürzer als ein Lidschlag, und diese kurze Zeit verbringt er mit Gottesdienst, mit dem Streben nach seinem Seelenheil und demütiger Fürbitte für die Seelen all jener, die wie er selbst aus der Glückseligkeit vertrieben worden sind.

Die Werte, nach denen die Mönche streben, sind dieselben geblieben, während die der Welt ringsum kaleidoskopische Veränderungen erfahren haben. Es ist eigenartig, dass eine Welt, die sich jährlich ändernden Moden unterwirft, dem klösterlichen Leben mit Spott begegnet. Wie seicht sind doch die Vorwürfe der Heuchelei, der Faulheit, der Selbstsüchtigkeit und des Eskapismus, ganz gleich, ob man die christliche Religion für grundsätzlich wahr oder falsch hält! Ein Mönch verbringt sein Leben in einer tiefen Überzeugung und einem glühenden Streben, das keinen Tag Urlaub kennt, und kein Sterblicher kann sagen, ob die Annahmen, die dem zugrunde liegen, wahr oder falsch sind. Diese Menschen haben den Vergnügungen und Annehmlichkeiten einer Welt entsagt, deren Werte sie für bedeutungslos halten; nur sie haben sich als Gemeinschaft dem schrecklichen Problem der Ewigkeit gestellt und alles aufgegeben, um ihren Mitmenschen und sich selbst zu helfen, ihm zu begegnen.

Gottesdienst und Gebet sind also die *raison d'être* der Benediktiner – alles andere, selbst ihre großen Leistungen als Gelehrte und Architekten und Ärzte der Kirche, ist zweitrangig. In einer Welt, deren Verwirrung durchaus mit der unseres Atomzeitalters verglichen werden kann, waren sie jedoch jahrhundertelang die einzigen Hüter der Literatur, der Klassiker, der Natur- und Geisteswissenschaften. Nach der Epoche benediktinischer Gelehrsamkeit in Cluny war die maurinische Benediktinerabtei von Saint-Germain-des-Prés für lange Zeit der bedeutendste Hort der Wissenschaft in Europa. Von der

Terrasse des *Deux Magots* aus sieht man zwischen *Zazou*-Anzügen und existenzialistischen Haarschnitten hindurch die efeuüberwucherten Ruinen, die davon geblieben sind. Doch in Hunderten von Klöstern in ganz Europa hat diese liberale Tradition überlebt – sie blüht und gedeiht. Ein anderes Nebenprodukt des klösterlichen Lebens waren die wunderschönen Gebäude und die unvergleichliche Stille, die dort herrschte. In St. Wandrille bewohnte ich einen Turm aus massivem Elfenbein, und wenn hier jemand ein Eskapist war, dann ich. Für meine Gastgeber war das Kloster ein Sprungbrett in die Ewigkeit, für mich war es ein Ort, an den ich mich zurückzog, um ein Buch zu schreiben und dann umso energiegeladener wieder in den Strudel des Lebens dort draußen einzutauchen. Wie eigenartig, dass ein und dieselbe Umgebung zwei so gegensätzlichen Zielen förderlich sein kann.

***

Das klösterliche Hochamt fand jeden Morgen um zehn Uhr statt, unmittelbar nach der Terz. Der Beginn dieses Gottesdienstes war nüchtern und asketisch: Die Mönche betraten schweigend die Kirche und nahmen ihre Plätze in den Bänken ein, wie ich es schon am ersten Tag zur Vesper gesehen hatte. Der Abt klopfte mit seinem Stab auf den Boden, und die Mönche verbeugten sich tief in stummem Gebet. Für einen Augenblick sahen die Tonsuren zu beiden Seiten des Mittelgangs wie aufgereihte Teller aus. (Alle zwei Wochen wurden die Köpfe geschoren. Waren die Schädel an einem Tag noch blau umschattet wie das Kinn eines Einbrechers, waren sie am nächsten frisch rasiert und glänzten, umgeben von einem Haarkranz.) Alle kanonischen Stundengebete begannen gleich: *»Deus in adjutorium intende«*, intonierte der wöchentlich wechselnde Vorsänger. *»Domine ad adjuvandum me festina«*, antworteten die Übrigen im Chor. Es folgte ein Choral, eines jener kurzen, vierzeiligen lateinischen Gedichte aus frühkirchlichen Zeiten, gesungen zu einer ungreifbaren kleinen Melodie. Die Mönche setzten sich und sangen im Wechselgesang die Morgenpsalmen. Die lateinischen Verse aus der Zeit des heiligen Hieronymus reihten sich aneinander, und die gregorianische Musik schwang von einer Seite der Kirche zur anderen. Die Terz endete, und der Zelebrant trat im Messgewand ein, gefolgt von Diakon und Subdiakon, Messdienern und Kerzenträgern. Gemeinsam beugten sie das Knie, und die Messe begann. Mit jedem Augenblick wurde die Zeremonie prachtvoller. Wenn man das Fest eines großen Heiligen feierte, wurde der Abt auf seinem Thron von Helfern mit den Insignien seiner Würde geschmückt. Er trug dann eine goldene Mitra, der Handschuh, der den Abtstab hielt, war an der Stelle des Stigmas mit einem Edelstein besetzt, und am Mittelfinger funkelte über dem Stoff der große Ring. Der Rauchfassträger trat hinzu, und eine Weihrauchwolke stieg auf, die sich in den schräg einfallenden Strahlen der Morgensonne ausbreitete und wie eine Baumkrone über uns wölbte. Angeführt von einem Chor von Mönchen, die im Mittelgang standen, wurde der Gesang immer komplexer. Ihre Stimmen intonierten das Muster, das die schwarzen gregorianischen Quadratnoten mit ihren kometenhaften Schweifen und maurisch wirkenden Arabesken in der alten, vierzeiligen Notation auf den Seiten ihrer Graduale woben. Dann folgten die Mönche still und feierlich dem juwelenbesetzten Kreuz des Abtstabes in den Kreuzgang. Langsam schritten sie durch die Zylinder aus Gold, die das gotische Maßwerk aus dem Sonnenlicht herausschnitt. Ihre Füße machten kein Geräusch, und außer dem Gregorianischen Choral hörte man nur das Klopfen des Abtstabs auf den Steinplatten und das Klappern des Rauchfasses. Die Prozession erreichte die Schattenseite des Kreuzgangs und verharrte dort, während sechzig Stimmen sich über die Baumwipfel aufschwangen. Dann ging es wieder in die Kirche, wo nach der Heiligkeit des sonnenbeschienenen Innenhofs die Schatten unter den Gewölben durch die Bogen und Parenthesen der Rauchschwaden noch dunkler geworden zu sein schienen. Der Wechselgesang, der aus dem Chorgestühl ertönte, fuhr fort, sein unsichtbares Gebäude aus Klang zu errichten, ein Gerüst, in dem die Pfeiler die einstimmig gesungenen Zeilen waren und das vom Hymnus des Chors wie von einem Baldachin überwölbt wurde. Auf den Hymnus folgte eine lange Stille, die aus dem Herzen des Klangs zu stammen schien. Nach einigen langen Minuten ertönten ein Glöckchen und dann die große Turmglocke, um zu verkünden, dass die Messe zelebriert wurde und sich Geheimnisvolles ereignete, und die Köpfe der Mönche neigten sich so plötzlich, als hätte ein gewaltiger Sensenstreich sie niedergemäht. Dann kam der Abschluss, ein Decrescendo. Die Messe klang aus, der Friedenskuss ging wie ein Flüstern durch die Reihen, der

Zelebrant und die Messdiener entfernten sich und legten die Messgewänder ab. Ein Mönch löschte die Kerzen, die Kapuzen wurden aufgesetzt, der Abt sang den Eingangsvers der Sext, und auf demselben Ton kam im Chor die Antwort …

Seit dem Einsturz und der Plünderung der großen gotischen Kirche dient der aus dem siebzehnten Jahrhundert stammende Kapitelsaal als Kirche. Hier stört nichts die Schlichtheit der weißen Wände und Gewölbe, hier gibt es nur den Altar, ein großes Kruzifix, die geschnitzten Bänke und den mit dem Wappen versehenen Thron des Abts. Diese Nüchternheit unterstreicht die Pracht der Messe und die Strenge der Stundengebete, von denen sie eingerahmt wird, doch die geringe Höhe der Gewölbe beeinträchtigt angeblich die Wirkung des Gregorianischen Chorals, für den das Kloster berühmt ist. St. Wandrilles einziger Konkurrent auf diesem Gebiet ist das Kloster Solesmes in Westfrankreich. Was den Gregorianischen Choral betrifft, so gibt es in Frankreich infolge von Differenzen über bestimmte musikalische Feinheiten zwei Schulen. Beide Klöster sind jedoch nicht nur für die Erhabenheit, sondern auch für die Reinheit ihrer Liturgie sowie für die Sorgfalt berühmt, mit der alle Verfälschungen aus dem siebzehnten und achtzehnten Jahrhundert beseitigt worden sind, so dass sich in beiden Ritualen nichts findet, was nicht dem Goldenen Zeitalter der Kirche entstammt.

***

In einem Kloster vergeht die Zeit mit Besorgnis erregender Geschwindigkeit. Mit Ausnahme der großen Kirchenfeste und des Wechsels der Jahreszeiten gibt es keine Ereignisse, welche die Zeit unterteilen, und ich stellte fest, dass ich kaum merkte, wie die Tage und Wochen vergingen. Diese Flüchtigkeit der Zeit ist ein Phänomen, das jeder Mönch kennt: Drei Monate, ein Jahr, fünfzehn Jahre, ein Leben sind schnell vorüber. Nachdem ich mit den Mönchen ins Gespräch gekommen war, hörte ich immer wieder, dass sie lediglich bedauerten, nicht früher ins Kloster gegangen zu sein. Sie stammten aus sehr unterschiedlichen Verhältnissen. Viele von ihnen waren recht jung eingetreten, nach Gymnasium oder dem Studium oder nach einer Kindheit und Jugend auf dem Bauernhof, andere waren später gekommen, als Lehrer, als Soldaten oder Matrosen, als Offiziere der Kriegs- oder Handelsmarine oder nach Jahren einer Tätigkeit in der Wirtschaft. Sie hatten viel oder wenig Geld verdient; manche waren verwitwet. Während der langen Jahre des Noviziats besteht immer die Möglichkeit, das Kloster wieder zu verlassen, und darum sind alle, die sich entscheiden, das Mönchsgelübde abzulegen, fest von ihrer Berufung überzeugt. Schließlich werden sie entweder Chormönche oder Laienbrüder. Ursprünglich sollte die Position des Laienbruders dazu dienen, den Postulanten, die aus Gründen der Bildung oder des Temperaments nicht für die priesterlichen Studien geeignet sind, eine Möglichkeit zu geben, am klösterlichen Leben teilzunehmen. Laienbrüder erhalten keine Tonsur, sondern tragen das Haar so kurz geschnitten wie die Novizen. Sie sind hauptsächlich für die landwirtschaftlichen Arbeiten auf den Besitzungen des Klosters zuständig und kümmern sich um das Vieh und die Felder. Da kein einziges französisches Kloster Zuschüsse erhält, müssen die benötigten Mittel aus eigener Kraft erwirtschaftet werden. Das erfordert sehr harte Arbeit, die zusätzlich zu den eigentlichen mönchischen Pflichten getan werden muss und an der alle Mönche beteiligt sind. St. Wandrille hält sich mithilfe der Einkünfte aus einer eigenen Druckerei und der Herstellung und dem Vertrieb von Schuhputzmitteln und Wachsen zur Reinigung von Maschinen über Wasser. Ich fragte einen Mönch, wie er in wenigen Worten sein Leben zusammenfassen würde. Er dachte einen Augenblick lang nach und fragte: »Waren Sie schon einmal verliebt?« »Ja«, antwortete ich. Ein breites Fernandel-Lächeln erschien auf seinem Gesicht. *»Eh bien, c'est exactement pareil …«*

***

Am Tisch des Abts auf dem kleinen Podest am Ende des Refektoriums saß ein Mann, dessen Ring und Brustkreuz ihn von den anderen Mönchen unterschieden. Sein Name war Dom Walser – er war der ehemalige Vorsteher des Klosters Beuron im südlichen Württemberg, in dem mehrere Hundert Mönche lebten. Er hatte eine gewisse Berühmtheit erlangt, weil er sich gleich nach der Machtergreifung der Nazis gegen Hitler und sein Regime gestellt hatte. Er hatte gegen die Diktatur gepredigt und war gegen Ende des Jahres 1933 aus Deutschland ausgewiesen worden. In St. Wandrille hatte er Zuflucht gefunden und schließlich die französische Staatsbürgerschaft angenommen. Während des Krieges war er in die USA gereist, hatte als Kaplan in der amerikanischen Armee gedient, Radiosendungen des amerikanischen Armeesenders für deutsche Soldaten gemacht und ein Priesterseminar für deutsche Kriegsgefangene in Nordafrika geleitet. Er war ein hochgewachsener, knochiger Mann mit blauen Augen und frischer Gesichtsfarbe, der in seiner Zelle hinter einer Schreibmaschine saß und mit Humor, Nachsicht, Klugheit und sehr selten auch mit Zorn über die Politik und die Ideen des modernen Europa sprach. Es fiel mir schwer zu glauben, dass er seit vierzig Jahren Mönch war.

Die eigenartige, durch das Schweigegebot anfangs auf Blicke beschränkte Beziehung zu den Mönchen trieb mich immer wieder dazu, die Gesichter mit denen auf Gemälden zu vergleichen, und ich fand, dass Philippe de Champaigne hervorragend geeignet gewesen wäre, den Abt zu porträtieren. Der höchst ehrwürdige Dom Gabriel Gontard besitzt die Würde, die heitere Gelassenheit und die *allure* eines Kirchenfürsten des siebzehnten Jahrhunderts. Nach meiner Begrüßung im Refektorium hatte ich im Kapitelsaal zum ersten Mal Gelegenheit, ihn in Ruhe zu betrachten. Er saß auf seinem Thron, trug Mitra und Stola und hielt den Abtstab in der Hand. Seine geschorene Herde stand an drei Seiten des Saals, in dessen Mitte zwei junge

Männer in Alltagskleidung auf dem Bauch lagen, so dass ihre Stirnen den Marmorboden berührten. Einer von ihnen war gerade aus Indochina zurückgekehrt. »*Quid petites?*«, fragte der Abt. »*Misericordiam Dei et vestram confraternitatem*«, lautete die Antwort. »*Surgite in nomine Domini.*« Die beiden erhoben sich zu einer knienden Haltung. Es war eine *prise d'habit*: Zwei Novizen legten ihr erstes Gelübde ab. Sie zogen ihre Tweedjacketts aus, und der Novizenmeister legte ihnen das schwarze Gewand und das Skapulier an.

Die Leichtigkeit, der Ernst und das exquisite Französisch der Homilie, die nun folgte, sowie die eingestreuten lateinischen Zitate gaben mir plötzlich eine Vorstellung, wie es gewesen sein mochte, Bossuet oder Fénélon zu lauschen – besonders dem Letzteren, in die Diözese verbannt, wo er sein Leben beschloss; Bossuet war zu wortgewaltig für den leisen Tenor dieser Predigt. »*Rien ne change dans la vie monastique*«, sagte der Abt gegen Ende seiner Rede. »*Chaque jour est pareil à l'autre, chaque année comme celle qui la précédait, et ainsi jusqu'à la mort …*«

Wenn ein Abt stirbt, wählen die Chormönche seinen Nachfolger. Seine Autorität ist absolut und erlischt erst mit seinem Tod. Er und seine Mönche unterstehen nicht den örtlichen Prälaten, sondern dem Heiligen Stuhl, wo ein Vertreter des gesamten Ordens einen ständigen Sitz in der Curia Romana hat. Das Amt des Abts ist also von höchster Bedeutung. Er ist persönlich verantwortlich für das geistliche und weltliche Wohl seiner Gemeinschaft, für Disziplin und umsichtiges Wirtschaften, für den Kontakt zum Rest der Kirche und zur Außenwelt. Nach all diesen Überlegungen war ich erleichtert, festzustellen, dass der Vorsteher meines Klosters ein zugänglicher Mann war. Er hatte einen sanften, eigentlich schüchternen Charme und begeisterte sich leicht für die Themen, die ihn interessierten: Theologie, die Unverletzlichkeit frühkirchlicher Rituale, Architektur, Kunst, Mystik, Archäologie und Geschichte. Er ist ein in Kirchenkreisen berühmter Gelehrter, und ich denke mit großem Vergnügen an unsere Spaziergänge unter den Kastanienbäumen zwischen den Ruinen der alten Klosterkirche zurück, an die ruhige Stimme neben mir, die mir das Wesen der Gnade, die Feinheiten der Lehren von Thomas von Aquin und Bonaventura oder die ontologischen und moralischen Aspekte von Gut und Böse mit großer Klarheit erläuterte. Ich erinnere mich an sein charmantes Lächeln und die Virtuosität, mit der er widersprüchliche Exegesen präsentierte und widerlegte oder miteinander versöhnte. Oft verfiel er, als wäre das eine vollkommen normale Sache, unvermittelt in das weiche Kirchenlatein des Vatikans, und diese mühelose Wiedererweckung einer schon so lange toten Sprache entzückte mich jedes Mal. Wir unterhielten uns auch in seinem großen, getäfelten Arbeitszimmer oder suchten in der Bibliothek nach einem heraldischen oder historischen Detail, das mit der Frühzeit des Klosters in Verbindung stand. Es waren angenehme Stunden, die das Läuten der Glocke beendete. Dann eilte ich zum Refektorium, vorbei an der Zelle, wo ich jeden Morgen meine Post beim Prior abholte, der jedes Mal ein dickleibiges Altes Testament auf Hebräisch las. Zu Beginn meines Aufenthaltes hatte ich einmal bemerkt, wie wohltuend es sei, nicht mehr so viel reden zu müssen. *»Oui«*, hatte der Abt gesagt, *»c'est une chose merveilleuse. Dans le monde hors de nos murs, on fait un grand abus de la parole.«* Ich hatte gefürchtet, es könnte ein Ereignis eintreten, das mir diesen friedlichen Ort unangenehm, ja unerträglich gemacht hätte: eine direkte Frage nach meiner eigenen religiösen Überzeugung. Doch die Tage vergingen, und niemand erkundigte sich danach. Ich erkannte, dass die befürchtete Gefahr gar nicht existierte, und empfand noch mehr Hochachtung, noch mehr Dankbarkeit gegenüber meinen Gastgebern – für ihre guten Umgangsformen, ihre wohlwollende Diskretion und dafür, dass sie einen potenziellen Ungläubigen so vorbehaltlos in ihrer Mitte aufgenommen hatten.

Wochen vergingen, und der strahlende Spätsommer wich einem trockenen, klaren Herbst. Ich verbrachte einen großen Teil der Zeit, die mir hier unbegrenzt zur Verfügung stand, mit Spaziergängen in der Umgebung des Klosters. In die bewaldeten Flügel des klösterlichen Grundbesitzes waren lange, in Serpentinen geführte Wege geschlagen worden, Tunnel aus Buchen, an deren Enden moosbewachsene Urnen auf dorischen Säulen standen. Hin und wieder stieß ich auf einen Bogengang, in den die Lilie des Klosterwappens gemeißelt war, und an einem Seitenweg war ein flacher Alkoven aus dem Stein gehauen, in Segmente unterteilt und mit den gerade noch entzifferbaren Tierkreiszeichen bemalt worden: eine Art riesiger Sonnenuhr. Feuchtes Laub dämpfte meine Schritte, und durch die sich lichtenden Zweige zog der Rauch von Erntefeuern. Mitten im höher gelegenen Wald erhob sich plötzlich massiv und gedrungen die karolingische Kapelle von St. Saturnine, und als ich über die Baumwipfel hinweg ins Tal sah, lagen die Klostergebäude vor mir wie eine Stadt im Hintergrund eines Gobelins. Die Fontanelle floss unter Brücken hindurch, wo Forellen stundenlang reglos zwischen Wasserkressebüscheln in der Strömung des Flusses standen, der sich zwischen Rieselwiesen hindurch in Richtung Seine schlängelte. Dahinter erhoben sich die grauen Gebäude des Klosters: das hohe normannische Refektorium, die verspielten Bogen des Duc de Stacpoole, der rechteckige Brunnen im gotischen Kreuzgang, die hohe Klostermauer und das große, im Stil des Rokoko verzierte Tor des Abbé de Jarente. Dann kamen die Gebäude aus dem siebzehnten und achtzehnten Jahrhundert mit ihren eleganten Treppen und schmiedeeisernen Geländern, gekrönt von dreieckigen, mit Schriftrollen, Symbolen und Schnörkeln verzierten Giebeln, Mansardendächern und einem Regiment hoher Kamine, über denen Rauchfahnen standen. Dahinter erhob sich ein grauer Glockenturm, von dem bei jedem ersten Läuten der Glocke ein kleiner, aufgeregter Schwarm Dohlen aufstieg. Die Ruine der Klosterkirche überragte alles andere: In Gruppen stehende Pfeiler – fünfzehn bis zwanzig Steinsäulen, die zu gewaltigen Garben gebündelt waren – verzweigten sich zu den Bruchstücken der Bogen über Hauptschiff und Chorraum, einige Säulen des Triforiums und eine oder zwei des Fenstergeschosses endeten im leeren Raum … Dahinter sah ich die strohgedeckten Fachwerkhäuser des Dorfes und die verschwimmenden Konturen des bewaldeten Hügels auf der anderen Seite des Tals, der ebenso hoch war wie der, auf dem ich stand. Zwar habe ich nie etwas Größeres als ein Eichhörnchen aufgeschreckt, doch es wimmelte in diesen Wäldern von Wildschweinen. Als ich mich auf den Rückweg machte, übergoss die Sonne die grauen normannischen Mauern mit Gold, und als die Abenddämmerung sich herabgesenkt und das Kloster verschluckt hatte, erschien in vielen Fenstern – länglichen, klassischen, runden, normannischen, hohen, mit Maßwerk verzierten gotischen Fenstern – Licht: Das Kloster bereitete sich auf die Nacht vor.

Die Komplet beschließt den Klostertag. Sie gehört mehr als alle anderen Gottesdienste zur Welt des Mittelalters. Nur eine Lampe brennt und gibt gerade genug Licht für den Mönch, der aus der Benediktregel oder der *Nachfolge Christi* vorliest. *»Fratres«*, singt ein Mönch, *»sobrii estote et vigilate, quia adversarius vester diabolus tanquam leo rugiens circuit quaerens quem devoret: cui resistite fortes in fide!«* Die Gesichter der sitzenden Mönche sind unter den Kapuzen verborgen, ihre Köpfe sind geneigt, und selbst ihre Gestalten sind in den Schatten kaum auszumachen. Die Stimme des Vorlesers scheint aus einer inneren Stille zu kommen, die noch tiefer ist als die Stille, welche diese Männer umgibt. Die Lesung ist zu Ende, das Licht wird gelöscht, und die nun folgenden Psalmen werden in vollständiger Dunkelheit gesungen. Der ganze Gottesdienst ist eine Art vorbeugender Exorzismus, die Schrecken der Nacht, die Mächte der Finsternis sollen abgewehrt werden. Jedes Wort ist ein Wall, ein Riegel gegen die umherstreifenden Heerscharen des Widersachers. *»Scapulis suis obumbrabit tibi«*, singen die Stimmen, *»et sub pennis eius sperabit.«*

»Scuto circumdabit te veritas eius; non timebis a timore nocturno,

A sagitta volante in die, a negotio in perambulante in tenebris ab incurso et daemonio meridiano.«

Ein Schlüssel nach dem anderen wird herumgedreht, die Fallgatter senken sich, die unsichtbare Zugbrücke wird hochgezogen …

Procul recedant somnia
Et noctium phantasmata
Hostemque nostrum comprime
Ne polluantur corpora.

Die Fensterläden werden vor dem lauernden Inkubus verriegelt, die jambischen Dimeter aus der Zeit vor dem achten Jahrhundert verschließen den auf eine Gelegenheit wartenden Sukkuben jedes Schlupfloch. *Asperges me, Domine, hyssopo et mundabor, lavabis me et super nivem dealbabor.* Nach einem langen, stillen Gebet erklang das leise Klopfen des Abtstabes. Die Mönche erhoben sich, und das Rascheln ihrer Habits, als sie die Kirche verließen, war das letzte menschliche Geräusch, bis sie sich, abermals in völliger Dunkelheit, um vier Uhr morgens zur Mette einfanden.

Als ich ging, warfen die Figuren kniender Mönche, die in einer Ecke des Kreuzgangs wie die Punkte einer Windrose um eine schöne steinerne Madonna aus dem vierzehnten Jahrhundert gruppiert waren (deren eine Gesichtshälfte die Hugenotten abgeschlagen hatten), lange Schatten in den Bogengang. Von meinem Fenster aus sah ich, wie die Lichter in den Zellen eines nach dem anderen erloschen. Dann setzte ich mich, um die Nachtstunden auszufüllen, an den Schreibtisch, auf dem mein Manuskript lag, dazu Karten der karibischen Inseln, Fotos aus mittelamerikanischen Urwäldern und Bilder der ausdruckslosen Gesichter von Maya-Indianern.

Die übrigen Gäste hatten das Kloster verlassen, und man hatte mich in eine riesige Zelle umquartiert, die auch einen Kardinal oder einen Kurfürsten hätte beherbergen können – genau der richtige Raum für ein gewaltiges Himmelbett und einen Wandbehang, auf dem Aktäon von den Hunden der Artemis zerrissen wurde. An den Wänden hingen zwei nachgedunkelte Bilder: Eines war in der Manier von Luini gemalt und stellte die heilige Teresa dar, das andere hätte fast ein Murillo sein können und zeigte die Geißelung Christi. In der Mitte des Raums stand auf dem rosafarbenen Steinboden eine etwa drei Meter hohe, kannelierte korinthische Säule aus Holz mit einem verzierten Kapitell. Sie stützte jedoch nichts, sondern wirkte, als wartete sie auf einen Miniatur-Säulenheiligen.

Zweifellos hatte sie zu einem riesigen, inzwischen entfernten Baldachin aus de Stacpooles Zeiten gehört. An den Fenstern hingen keine Vorhänge, und so waren die schönen, geschrägten weißen Laibungen und der elliptisch ausgeformte Bogen zu sehen. Es war herrlich, in diesem Raum zu erwachen. Traumlose Nächte endeten so sanft, als liefe der Kiel eines Ruderboots auf einem Kiesufer auf. Sonnenlicht strömte durch die drei hohen Fenster, und vom Bett aus sah ich nichts als Lagen von Kastanienblättern, Millionen von spatelförmigen, übereinandergeschichteten grünen Händen, und dahinter den kristallklaren Oktoberhimmel, eingerahmt von den blass reflektierten bläulich weißen oder satt milchig weißen oder – wo die Sonne sie beschien – weißgoldenen Flächen der Wände, Stürze und Laibungen.

Während meiner ersten Tage im Kloster war ich deprimiert gewesen, doch die Zeit nach meinem Abschied war zehnmal schlimmer. Das Kloster war mir anfangs wie ein Friedhof erschienen, doch im Gegensatz dazu kam mir die Außenwelt danach wie ein Inferno voller Lärm und Vulgarität vor, bevölkert von Lumpen, Flittchen und zwielichtigen Gestalten. Mir war bewusst, dass diese Sichtweise vielleicht ebenso falsch war wie meine erste Reaktion auf das Klosterleben, doch das änderte nichts daran, dass dieser Eindruck höchst unangenehm war. Im Zug nach Paris wirkten selbst die Reklameschilder für Byrrh und Cinzano, die ich am Fenster vorbeiziehen sah und die mir sonst immer wie frohlockende Embleme der Freiheit und der gelungenen Flucht erschienen waren, auf mich wie eine persönliche Beleidigung. Ein neuer, diesmal umgekehrter Gewöhnungsprozess begann, und er war schmerzhaft.

Von Solesmes nach La Grande Trappe

Nach meinem Aufenthalt in St. Wandrille war mir der Tagesablauf in Solesmes nicht fremd. Die Geschichte von Solesmes begann im elften Jahrhundert und war im Großen und Ganzen dieselbe wie die des anderen Klosters. Es war ein bedeutender Sammelpunkt für die Kreuzzüge, von denen ein Ritter einen heiligen Dorn mitbrachte, der noch immer zu den Schätzen des Klosters gehört, und im Seitenschiff der Kirche ist das Grab des Seigneur de Sablé, der die Flotte von Richard Löwenherz kommandierte. Es liegt im Herzen von Maine, nicht weit vom Herzogtum Anjou, und war somit im Zentrum der im Hundertjährigen Krieg umkämpften Provinzen. Die Engländer hatten dem Kloster schreckliche Verwüstungen zugefügt. Die Hugenotten, das Kommendenwesen und die Jakobiner taten das ihre, und nach der Revolution war die Priorei von Solesmes eine wirtschaftlich ruinierte, leere Hülle. Wo sie auch vorrückten, leerten die Truppen Napoleons die Klöster Europas, und als der Stern des Kaisers sank, war die klösterliche Idee fast tot. In den Dreißigerjahren des neunzehnten Jahrhunderts jedoch führte ein phönixgleicher Wiederaufstieg die Priorei von St. Peter in Solesmes zu einer Berühmtheit, die nur von Benedikts eigener Gründung Montecassino übertroffen wurde, und dies alles war der Persönlichkeit und Energie eines einzigen Mannes zu danken: Dom Prosper Guéranger. Dieser außergewöhnliche Mönch bewahrte die Ruinen des Klosters vor dem Abriss, fand Geldgeber für den Kauf und ließ sich mit drei anderen Mönchen dort nieder. Die Gemeinschaft wuchs, die Klostermauern ebenso, die Lücken im Dach wurden geschlossen. Guéranger war noch keine dreißig Jahre alt und bereits Abt eines blühenden Klosters, der Revolten erstickte, sich mit seinem Bischof stritt, Auseinandersetzungen mit Kardinälen hatte und ausführliche Gespräche mit dem Papst führte. Bald bereinigte er die Liturgie, veröffentlichte gewaltige Bände voller theologischer Kommentare, korrespondierte mit Montalembert, mit dem er sich schließlich überwarf, und gründete Klöster in einem halben Dutzend Länder. Im ganzen Einflussbereich der katholischen Kirche darf heute ohne das Einverständnis seines Klosters keine einzige Note der frühkirchlichen Musik geändert werden. Seine Freundschaft mit Villiers de l'Isle-Adam währte bis zum Tod des Abts, und in den *Histoires Insolites* findet sich eine kurze, aber lebendige Beschreibung von Guéranger. Auf Fotografien lässt sein Gesicht – eigenwillig und humorvoll, mit funkelnden, hellen Augen und einem kantigen Kinn – ebenso genaue Rückschlüsse auf seinen Charakter zu wie das Kloster, das sein Denkmal ist: Es ist eine massive Anlage, errichtet gegen Mitte des neunzehnten Jahrhunderts. Ihre hohen Türme und Zinnen spiegeln sich in der Sarthe und bieten, mit halb geschlossenen Augen betrachtet, einen ähnlich fantastischen und übersteigerten Anblick wie eine Rheinburg auf einer Zeichnung von Gustave Doré oder Victor Hugo. Als man die Mönche in den Tagen der Kommune zwang, das Kloster zu verlassen, wurden sie von den Dorfbewohnern aufgenommen und konnten später ihr gewohntes Leben nach und nach wieder aufnehmen. Die Gesetze von 1902 trieben sie nach England, von wo sie nach dem Ersten Weltkrieg zurückkehrten, nachdem sie bei Quarr auf der Isle of Wight ein blühendes Tochterkloster gegründet hatten. Dom Cozien, Guérangers vierter Nachfolger, steht in dem uralten Kloster heute einer Gemeinschaft von mehr als hundert Mönchen vor.

Vieles in Solesmes spiegelt die Bewegung der Romantik wider, und besonders spürbar ist das im Refektorium. Zwischen mächtigen Säulen, prunkvollen Kaminsimsen und geduckten nordischen Gewölben herrscht hier ein leicht komischer, aber sehr wirkungsvoller Romantizismus vor. Es könnte eine Kulisse für Schauerstücke sein, für *Macbeth* oder für *Eve of St. Agnes,* illustriert von Dante Gabriel Rossetti. Die Atmosphäre des großen Raums wurde während meines Aufenthaltes zusätzlich belebt durch die violetten Attribute und die purpurrot gekleidete Leibesfülle eines ehemaligen Erzbischofs aus Aix-en-Provence, der auf dem Stuhl des Abts saß. Doch die schmalen, hohen gotischen Bogen der Kirche bilden einen überzeugenden Hintergrund für die Pracht und Komplexität des Rituals und die Perfektion und Lautstärke der Gregorianischen Choräle. Ich blieb zwei Wochen, gut untergebracht in einer warmen Zelle, und schrieb fleißig vor einem knisternden Kaminfeuer. Ich genoss die

Annehmlichkeiten einer Bibliothek, die wohl eine der größten Klosterbibliotheken überhaupt ist, und spazierte an der Sarthe entlang durch die friedliche Maine-Landschaft zum jetzt unbewohnten Château des Marquis de Juigné. Gelegentlich begleitete mich Pater des Mazys, dessen historisches Wissen und außerordentliche Fähigkeit, alte Blockschriften zu entziffern, ihn oft nach Juigné führten, wo er im Archiv des Schlosses forschte, das viele Hinweise auf die Geschichte des Klosters enthielt. Ich muss einfach lächeln, wenn ich an die Belesenheit, die Redegewandtheit und den an Heftigkeit grenzenden Enthusiasmus dieses bemerkenswerten Mönches denke – eines Ururenkels von Sir Hugh Macdonnell of Glengary, den Sir Henry Raeburn mit Kilt, Federkappe und Breitschwert gemalt hat.

Doch Solesmes war nur eine Zwischenstation auf der Reise zu einem weit eigenartigeren Kloster: La Grande Trappe, Gründungsort des Ordens der Zisterzienser von der strengen Observanz. Meine Neugier war durch den Ruf dieses Klosters geweckt worden, durch die Rolle, die es in der französischen Geschichte und im ganzen klösterlich orientierten Leben der Kirche gespielt hatte, und diese Neugier wurde noch verstärkt, als ich zufällig einen jungen Engländer kennen lernte, der ein Jahr als Postulant bei den Trappisten verbracht hatte. Im Krieg war sein Bomber abgeschossen worden, und als er aus der deutschen Kriegsgefangenschaft entlassen worden war, hatte er anglikanischer Priester werden wollen. Dann war er zum katholischen Glauben übergetreten und hatte sich der Disziplin eines trappistischen Klosters unterworfen. Als wir uns kennen lernten, hatte er gerade beschlossen, zu einem benediktinischen Kloster zu wechseln, da das strenge Reglement der Trappisten ihm keine Zeit für Alleinsein und Studien gelassen hatte. Ich begann sogleich, einen Besuch in Grande Trappe zu planen.

Meine Reise begann in Le Mans, wo auf einem hohen Felsen über den steilen Dächern der Stadt eine schlanke gotische Kathedrale inmitten eines Gespinstes von Strebebogen steht. Ich verbrachte eine Stunde in Alençon und einen Nachmittag auf dem Marktplatz von Mortagne, bevor ich nach einer langen Fahrt durch das Zwielicht über den südlichen Marschen der Normandie schließlich in Dunkelheit und strömendem Regen das Dorf Soligny-la-Trappe erreichte. Nach Auskunft des schnauzbärtigen Bauern im Bistro waren es noch etliche Meilen bis zum Kloster, das, wie es schien, von kafkaesker Unzugänglichkeit war. Der Lieferwagen des Metzgers, der mich schließlich dorthin fuhr, hatte mitten im Moor zweimal eine Panne. Als der Wind nachließ, hörten wir, halb überdeckt vom Rauschen des Regens, das Läuten von Glocken. *»L'Angélus«*, sagte der Metzger. *»Les moines se couchent.«* Bald tauchten die pechschwarzen Umrisse eines gotischen Gebäudes vor uns auf, und wenige Augenblicke später fuhr der Wagen davon und ließ mich vor einer eisernen Pforte zurück. Auf mein Läuten erschien ein einäugiger Mönch, der mir nach freundlicher Begrüßung durch die Dunkelheit vorausging. Ich hörte das Schlurfen seiner Holzschuhe auf den Steinplatten des Hofs und schmatzende Geräusche, als er durch Matsch ging. Der Père Hôtelier gab mir etwas zu essen und führte mich in meine Zelle. Bis auf einen schmalen Kranz war sein Haar geschoren. Auch seine Kleidung war anders als die der Benediktiner: Er trug ein weißes, langärmliges Habit mit einer schwarzen Kapuze und einem schwarzen Skapulier, das an der Taille von einem breiten braunen Gürtel gehalten wurde. In meiner Zelle war es eiskalt, und der einzige Schmuck bestand aus einer Büste des heiligen

Bernhard. Auf einem an der Wand befestigten Blatt Papier waren mit zittriger Schrift in drei Spalten die Merkmale des Klosterlebens aufgeschrieben: Armut, Demut, Entsagung, Abtötung – die Liste war lang. Am Fuß der ersten Spalte standen die Worte: *»Le prêtre est un homme dépouillé.« »Plus on est mort«*, endete die zweite, *»plus on a la vie.« »Le prêtre est un homme crucifié. Il faut devenir du bon pain«*, hieß es am Ende der dritten Spalte. *»Le prêtre est un homme mangé.«*

***

Der Orden der Trappisten – so die ungenaue, landläufige Bezeichnung für den Orden der Zisterzienser von der strengen Observanz – ist das Ergebnis einer Reihe religiöser und sozialer Umwälzungen. Im zehnten Jahrhundert, etwa fünfhundert Jahre nach dem Tod des heiligen Benedikt, wurden die Klöster im Dunstkreis des bedeutenden Benediktinerklosters Cluny einer Reform unterzogen. Alle Laxheit wurde bekämpft, und der Orden führte wieder das asketische Leben, das die Benediktregel fordert. Bald setzte jedoch ein neuerlicher Niedergang ein: Abermals hielt die Indolenz Einzug, und die Askese wurde durch Gelehrsamkeit und theologische Dispute verwässert. Der Orden war reif für eine Erneuerung. Der Impuls dazu kam im zwölften Jahrhundert von der Abtei Cîteaux (von deren lateinischem Namen sich das Wort »Zisterzienser« ableitet), wo der heilige Bernhard, jener große Reformer aus Burgund, seine Mönche wieder nach Benediktregel leben ließ, einige Klöster aus ihrer Trägheit errettete und sie zu neuen Höhen der Reinheit und Strenge führte. Heute bilden die Nachfolger dieser Mönche den zisterziensischen Zweig der großen Bruderschaft der Benediktiner. Zweihundert Jahre lang blieben sie auf dieser Höhe, doch im vierzehnten und fünfzehnten Jahrhundert setzte der Niedergang ein, und gelegentliche, allesamt örtlich begrenzte Reformversuche konnten ihn nicht aufhalten. Im siebzehnten Jahrhundert hatte das Übel des Kommendenwesens den Orden scheinbar hoffnungslos unterminiert. In den Städten lebten die Mönche so, wie Hogarth es auf seinem Bild des Tors von Calais dargestellt hat, und in den ländlichen Klöstern hausten nur noch ein paar kaum des Lesens und Schreibens kundige Brüder in heruntergekommenen Gebäuden und führten das Leben von Huronen oder Irokesen. Sie brachten ihre Tage mit der Jagd dahin, in Begleitung der örtlichen Adligen, die oft genug einfältige Landjunker waren und mit denen sie abends schlemmten und soffen, um sich anschließend zu ihren Mätressen zu legen.

La Grande Trappe war ein gutes Beispiel für ein solches heruntergekommenes Kloster. Wie es zu dem Amboss wurde, auf dem der Orden der Zisterzienser in eine neue Form geschmiedet wurde, in die fast legendäre Form, die er noch heute hat, ist eine einzigartige und faszinierende Geschichte. Der Gründer des Klosters war Comte Rotrou III. de Perche, Seigneur de Nogent-le-Rotrou, ein Vorfahr der irischen Nugent. Er war ein berühmter Kreuzritter, der in Spanien gegen die Mauren gekämpft und an der Eroberung Jerusalems teilgenommen hatte, und gründete das Kloster teils zum Dank für eine sichere Überquerung des Ärmelkanals, teils zum Gedenken an seine Frau Matilda, die Tochter Heinrichs I. von England, die 1120 beim Untergang des »Weißen« Schiffes ums Leben gekommen war. Dieses Unglück machte einen so großen Eindruck auf ihn, dass er befahl, die Kirche in Form eines umgekehrten Schiffes zu bauen, mit Masten als Stützpfeilern und einem Schiffskiel als Dach. Diese Form behielt sie bis zur Französischen Revolution.

Das Kloster lag inmitten einsamen Marschlands. Den umfangreichen Ländereien, die der Comte dem Kloster gestiftet hatte, fügte Heinrich II. später, als Buße für den Mord an Thomas Becket, weitere hinzu. 1630 wurde das Kloster zusammen mit einem Dutzend anderen Pfründen einem Abt übertragen, der La Trappe nie auch nur von weitem gesehen hatte und außerdem erst zehn Jahre alt war.

Kindheit und Jugend von Armand-Jean le Bouthillier de Rancé waren für einen adligen Kleriker im Frankreich des siebzehnten Jahrhunderts bemerkenswert, aber nicht aufsehenerregend. Richelieu war sein Taufpate, und die italienischen Koseworte von Maria de' Medici, die ihn auf dem Schoß wiegte, gehörten zu seinen frühesten Erinnerungen. Er war reich, gut aussehend, extravagant und ein Liebling des Hofes – es galt als sicher, dass er Kardinal werden würde. An der Sorbonne zeichnete er sich vor allem in Latein, Griechisch, Theologie und Rhetorik aus, und noch bevor er das zwanzigste Lebensjahr erreicht hatte, fertigte er eine komplette, werkgetreue Übersetzung von Anakreons Gedichten an. Als er einmal, mehr aus einer dandyhaften Anwandlung als aus religiöser Pflichterfüllung heraus, eine Predigt hielt, verblüffte seine rhetorische Virtuosität den gesamten Hof. Seine wahre Liebe galt jedoch den griechischen Gedichten der Anthologia Palatina und einem Leben, in dem Fechten, Jagen, Kleidung, Schmuck, Spitzenstoffe, Pferde, Kutschen und die adlige Gesellschaft von größter Bedeutung waren. Es ist nach wie vor unklar, ob seine Liebe zur Duchesse de Montbazon, einer berühmten, sehr schönen Dame der Gesellschaft, die mehr als doppelt so alt war wie er, tatsächlich eine wirkliche Liaison war, doch welcherart die Beziehung auch war – sie endete auf höchst makabre Weise. Madame de Montbazon wurde krank. Rancé, der unangekündigt in ihr Krankenzimmer trat, fand dort ihren enthaupteten Körper in einem Sarg und daneben, auf dem Tisch, den in ein blutverschmiertes Tuch gehüllten Kopf der Duchesse. Laut den fast unglaublichen Gerüchten hatte ihn der zur Eile gedrängte Bestattungsunternehmer abgeschnitten, weil der Sarg zu klein war. Die Details der Geschichte sind umstritten, aber alle Flugschriften, Gerüchte und zeitgenössischen Memoiren stimmen darin überein, dass die plötzliche Konfrontation mit der Sterblichkeit in Gestalt des blutbesudelten Hauptes der Duchesse de Montbazon eine spirituelle Umkehr des Abbés bewirkte.

Verständlicherweise war der Schock gewaltig und veränderte Rancés Leben von Grund auf. Er verkaufte seine Schlösser, verschenkte sein ganzes Vermögen, gab alle Pfründen zurück und wählte die Abgeschiedenheit seines Klosters La Trappe, wo er und der einzige Leibdiener, den er behalten hatte, Mönche wurden. Nachdem er die rebellierenden Bewohner vertrieben und durch eine Hand voll praktizierender Zisterzienser ersetzt hatte, erklärte er sich zum Abt und sorgte für strengste Askese. Er führte seine fügsame Herde von den Gefilden des Libertinismus hinauf auf die einsamen und kalten Berggipfel des sechsten Jahrhunderts, zur buchstabengetreuen Befolgung der Benediktregel und schließlich weit darüber hinaus. Dort oben verharrt der Orden der Zisterzienser – mit Ausnahme einiger seltsamer unreformierter Gemeinschaften in Mitteleuropa – praktisch ohne Zugeständnisse bis heute. Dort oben ruht er in sich.

***

Der Tagesablauf in einem benediktinischen Kloster war mir anfangs sehr streng erschienen, doch verglichen mit dem trappistischen Horarium ist er die reinste Sommerfrische. Ein Trappist steht, je nach

Jahreszeit, um ein oder zwei Uhr morgens auf. Sieben Stunden des Tages verbringt er in der Kirche, wo er die Stundengebete singt und, oft im Dunkeln, kniend oder stehend meditiert. Der Rest des Tages vergeht mit überaus harter, primitiver Feldarbeit, stillem Gebet, Predigten und Lesungen aus der Märtyrergeschichte. Rast und Müßiggang sind unbekannt, und in der Praxis, wenn auch nicht in der Theorie, steht für Studium nur sehr wenig Zeit zur Verfügung. Die Mahlzeiten bestehen fast ausschließlich aus Wurzelgemüse – Fleisch, Fisch und Eier sind verboten und darüber hinaus gibt es für sechs Monate im Jahr strenge Fastenregeln. Die Mönche müssen zu jeder Jahreszeit dieselbe dicke Kleidung tragen, was besonders im Sommer bei der Feldarbeit beinahe unerträglich ist. An Sommerabenden gehen sie nach der Komplet um acht Uhr zu Bett, im Winter um sieben Uhr. Die Nachtruhe dauert sechs Stunden. Es gibt keine Zellen. Alle, auch der Abt, schlafen in einem mit kleinen Kabinen ausgestatteten Schlafsaal auf Strohsäcken, die auf hölzernen Pritschen liegen. Eine Heizung gibt es nicht, und die Mönche schlafen in ihren Habits und mit aufgesetzten Kapuzen. Jeden Freitag schlagen sich die Mönche nach dem Aufstehen mit der *disciplina*, der klösterlichen Version der neunschwänzigen Katze, auf die nackten Schultern – das dauert etwa so lange wie zwei Miserere und ist mehr eine symbolische Handlung als eine wirkliche Geißelung. Im Lauf der Woche gibt es auch ein Stundengebet, das *proclamatio* genannt wird und eine strengere Form des benediktinischen *coulpe* oder Schuldbekenntnisses ist, bei dem die Mönche gehalten sind, öffentlich kleinere Verstöße gegen Achtsamkeit und Disziplin zu gestehen. Bei der *proclamatio* jedoch werden die trappistischen Mönche ermahnt, einander zu beschuldigen und strenge Buße zu tun, etwa indem sie für längere Zeit im Kreuzgang vor dem Refektorium auf dem Bauch liegen oder ihre Mahlzeiten auf dem Boden einnehmen. Für alle außer einige Inhaber bestimmter Ämter – den Abt, den Kellermeister und den Gastpater zum Beispiel – gilt ein absolutes Schweigegebot. Man hat eine besondere Gebärdensprache für Notfälle entwickelt und kodifiziert, und ein Laienbruder, der an den Stundengebeten nicht teilnimmt, spricht, abgesehen von der Beichte und seinen spirituellen Konsultationen des Abts, in seinem ganzen Leben unter Umständen kein einziges Wort. Ein Mönch, der im Sterben liegt, wird von seinem Krankenbett genommen und auf Stroh gebettet, das über ein Aschenkreuz gestreut ist. Dort stirbt er, versehen mit den letzten geistlichen Tröstungen seiner versammelten Brüder. Sein Leichnam wird eine Zeit lang in der Kirche aufgebahrt. Bei der Beisetzung wird kein Sarg gebraucht; das Gesicht des Toten ist von der Kapuze bedeckt, und wenn er ins Grab hinabgelassen wird, ist sein Körper in das Habit gewickelt. Seine Mitbrüder werfen nacheinander eine Hand voll Erde ins Grab und gehen davon.

Nach landläufigen Maßstäben ist das Leben eines Trappisten also streng und düster. Noch düsterer aber ist der Efeu der Legenden, die es umranken, besonders in der Romantik, als dies ein unwiderstehliches Thema gewesen sein muss. Laut einem in Frankreich weit verbreiteten Gerücht begrüßen trappistische Mönche einander jeden Tag mit den Worten: *»Frère, il faut mourir«*, und angeblich gehört es zu den Aufgaben eines Mönches, täglich einen Spatenstich an seinem eigenen Grab zu tun. Eine andere Legende weist den Trappisten die Schuld an grässlichen und bislang unentdeckten Verbrechen zu, vorzugsweise am Mord ihrer Eltern, den nur die lebenslange Buße eines Daseins als Trappist sühnen kann. Am unheimlichsten ist die Theorie, zisterziensische Klöster seien meist in morastigem Gelände angesiedelt, damit die Sumpfgase den Tod der Mönche beschleunigen. Selbst der Name leistet solchen Fabeln Vorschub: Der ahnungslose Wanderer nähert sich dem Kloster, die *trappe*, die Falle, öffnet sich, er fällt ins Dunkel und ist gefangen …

Viele Aspekte des trappistischen Lebens verleihen diesen Gerüchten einen Anschein von Glaubwürdigkeit. So werden unmittelbar nach der Beerdigung eines Mönches ein paar Zentimeter eines neuen Grabes ausgehoben, und die Meditation angesichts der Holzkreuze auf dem Klosterfriedhof ist ein fester Bestandteil des zisterziensischen Systems der Kontemplation. Trappistische Klöster stehen in flachen Landstrichen, weil ihre Monotonie – wie die endlosen Dünen der Thebais – den Geist drängt, sich mit den letzten Dingen zu befassen. (Benediktinerklöster dagegen stehen fast immer auf Hügeln. *Colles Benedictas, valles Bernardus amabat.*) Früher gab es in zisterziensischen Klöstern zahlreiche Darstellungen von Schädeln und Knochen. Châteaubriand konnte nicht widerstehen, darüber zu spekulieren, ob der Schädel auf Rancés Schreibtisch tatsächlich, wie die Gerüchte besagten, der jener enthaupteten Duchesse gewesen sei, und ein bestimmtes Trappistenkloster im deutschsprachigen Raum wurde im letzten Jahrhundert mit höchst beunruhigenden Fresken verziert: Überall stieß das Auge auf Symbole des Todes und der Verwesung, und im Refektorium beugte sich der gemalte Torso eines mit Sanduhr und Sense versehenen Skeletts mit der entsetzlichen Schalkhaftigkeit des übelwollenden vergessenen Gastes über die Krone einer Mauer, auf der »Heute Nacht vielleicht?« stand. Es ist kaum verwunderlich, dass selbst die tolerantesten Laien diese beunruhigende Symbolik, die andauernde Stille, die gespenstische Kleidung und die alles durchdringende Melancholie eines trappistischen Klosters lediglich als Ausdruck tiefer Verzweiflung und einer grämlichen Todessehnsucht betrachten. Um die zisterziensische Askese zu verstehen, müssen wir moderne Erklärungen und Rationalisierungen vergessen und zum kompromisslosen, buchstabengetreuen Glauben der Frühchristen zurückkehren. Das Beten für die Errettung der Menschheit ist die Grundlage des benediktinischen Klostergedankens, und im zisterziensischen Zweig ist das Prinzip des Gebets durch das der stellvertretenden Buße ersetzt worden. Die Ursprünge dieses Konzepts finden sich in den vierzig Tagen und Nächten Jesu in der Wüste und natürlich in der Kreuzigung selbst. Die stellvertretende Buße wurde zur bestimmenden spirituellen Übung der Zisterzienser, und die Gründe, welche die Mönche in den Zeiten des heiligen Bernhard bewogen, ihrem Klosterleben gerade diese Gestalt zu geben, sind für ihre heutigen Nachfolger so überzeugend wie eh und je. Die überwältigende Trauer eines trappistischen Klosters ist daher kein zufälliges Nebenprodukt, sondern eine der unabdingbaren Voraussetzungen des zisterziensischen Lebens. Ein solches Kloster ist ein Ort der Fürbitte, eine karge Wüstenlandschaft der Buße für die Berge von Sünden, die seit der Vertreibung aus dem Paradies angehäuft wurden. Das Leben eines Trappisten besteht aus unablässiger Buße, aus einem unablässigen Nacherleben der Wüste, der Passion, der Qualen im Garten Gethsemane, der Stationen des Kreuzes und des letzten Opfers auf Golgatha. Indem sie sich strengste Askese auferlegen, sich einschließen, auf Stroh schlafen und nach einigen Stunden Schlaf in der Dunkelheit aufstehen, indem sie abstinent leben, fasten, sich demütigen, ein härenes Gewand tragen und sich geißeln, indem sie sich extremer Hitze und Kälte aussetzen und einem un-

unterbrochenen Zyklus von Kontemplation, Gebet und schwerer Arbeit unterwerfen[1], suchen sie die Sünden der anderen auf ihre Schultern zu nehmen und die Last der Menschheit zu lindern. Doch trotz seiner Strenge hält dieses Büßerleben auch manche spirituelle Tröstungen bereit. Ein Zisterzienser hat sie einmal als die »dreifache Salbung der Seele« bezeichnet. Die erste Salbung sind die Leichtigkeit, die spirituelle Spannkraft, die Erfahrung wiedergewonnener Freiheit, die man erlebt, wenn alle irdischen Güter, Eitelkeiten und Ambitionen abgelegt sind und man nach einem sündenfreien Leben strebt und es manchmal auch erreicht. Dieser Aspekt des zisterziensischen Lebens sticht in Thomas Mertons Buch *Zeiten der Stille* besonders hervor. Die zweite Salbung ist die Freude, die aus der Überzeugung kommt, dass die Gebete und Bußübungen einen heilenden Strom von Sühne über die Welt ausgießen, welche die Seelen rettet und die Schuld der Menschheit verringert. Die dritte Salbung ist der Glaube, dass dieses Opferleben Gott geweiht ist, dass dies alles aus Liebe zu Ihm geschieht und

[1] Einer der Laienbrüder in Thimadeuc, dem diese Kasteiungen nicht ausreichend erscheinen, streut Dornen in seine Holzschuhe, bevor er sich an die tägliche Arbeit macht.

die Seele näher zu Ihm bringt. Die zisterziensische Kontemplation hat, soweit ich das sagen kann, nur wenig mit den komplexen Prozessen gemein, die in den Schriften der großen Mystiker geschildert werden. Eines der Merkmale der Trappisten ist ihre demütige und gänzlich unintellektuelle Schlichtheit. Ihr System der Kontemplation besteht hauptsächlich darin, jede Handlung, jeden Augenblick Gott zu weihen. Im Lauf der Zeit trägt diese permanente Konzentration des Geistes auf Gott reiche Früchte: Man ist erfüllt von einem Seelenfrieden, einer Art Verzückung, einer unaussprechlichen Glückseligkeit, die ein französischer Trappist einmal als ständigen Vorgeschmack auf das Paradies bezeichnet hat.

Die Berufung zum Zisterziensermönch ist also gewiss keine alltägliche. Theoretisch gibt es einiges, was einen intellektuellen Konvertiten verleiten könnte, Hals über Kopf in ein Trappistenkloster einzutreten, doch in der Praxis gibt es dann auch vieles, was ihn – wie meinen Freund, den ehemaligen Trappisten – abstößt: Nicht so sehr die Askese, die Mühsale und die schwere Arbeit als vielmehr die allgemeine Rauheit des Lebens und die Tatsache, dass die Gottesdienste und die Arbeit auf den

Feldern so wenig Zeit für Studium und Meditation lassen. Die *beata solitudo* der Zisterzienser muss sich wohl auf die Abgelegenheit der Klöster beziehen, auf ihre menschenleere Umgebung und die Beschränkung auf die eigene Person, die durch das Schweigegebot gegeben ist, denn in Wirklichkeit ist ein Trappist selten allein. Er kann sich in keine Zelle zurückziehen, und selbst die Stunden des Studiums (die nur zu oft zu Gunsten anderer Anforderungen des Klosterlebens eingeschränkt werden müssen) verbringt er, erschöpft von der körperlichen Arbeit, an einem Gemeinschaftstisch im Skriptorium. Bei Zisterziensern sucht man vergeblich nach den herrlichen Bibliotheken, die einer der Glanzpunkte benediktinischen Wirkens sind: große Schatzhäuser wie Montecassino, Cluny, Saint-Germain und St. Gallen, in denen das ganze Mittelalter hindurch die Früchte des Wissens und der Gelehrsamkeit außerhalb der Mauern von Byzanz bewahrt wurden.

Es mag übertrieben sein zu sagen – wie es zuweilen geschehen ist –, dass ein Trappist seinem dreifachen Gelübde der Armut, der Keuschheit und des Gehorsams ein viertes hinzufügen muss: das der Unwissenheit. Unumstritten ist jedoch, dass Rancé als Abt von Grande Trappe ein entschiedener Gegner der Gelehrsamkeit, der Philosophie und der theologischen Spekulation war, die im Leben der Benediktiner eine so große Rolle spielen. Je eingehender man ihn studiert, desto unsympathischer erscheint er. Die von Abbé Brémond verfasste Biografie[2] ist zugegebenermaßen mit negativen Vorurteilen belastet, doch nicht einmal Châteaubriands romantische Preisungen[3] können die übermächtige Selbstgerechtigkeit und gelegentliche Grausamkeit von Rancés späterem Charakter verbergen. Er unterdrückte jede Gelehrsamkeit und hatte eine lange, erbitterte Kontroverse über dieses Thema mit Pater Mabillon, dem großen benediktinischen Gelehrten von Saint-Germain-des-Prés, er bespitzelte die Mönche, besaß einen Abscheu vor körperlichen Schwächen und Gebrechlichkeit, verkehrte die zisterziensische Strenge in unerträgliche Härte, verhängte grausame Strafen und entwarf – und das ist am schlimmsten – ein System zur Prüfung der klösterlichen Disziplin, indem er den Mönchen Verfehlungen vorwarf, die sie nie begangen hatten. Er entwickelte sich zu einem grässlichen, rastlosen, streit-, herrsch- und rachsüchtigen und, unter dem

[2] *L'Abbé Tonnerre.*

[3] *Vie de Rancé* und *Mémoires d'Outre-tombe.*

Anstrich der Menschlichkeit, hoffärtigen Tyrannen, mit einem Wort: zu etwas, das ein Zisterzienser auf keinen Fall sein sollte. Von seinen beiden Persönlichkeiten ist die des in Brokat gekleideten Libertins die mit Abstand liebenswertere. Dennoch war er ein großer Reformer, der den Orden der Zisterzienser vor dem Niedergang und vielleicht auch vor der Auflösung bewahrte. Die klugen Äbte späterer Jahre kehrten zu den Geboten Benedikts und Bernhards zurück, die nach normalen Maßstäben streng genug sind.

***

Es war mein Glück, dass ich wenige Tage später einen ehemaligen Trappisten kennen lernte, denn in der Trappe hatte ich keinen Kontakt zu den Mönchen. Ich nahm die Mahlzeiten allein im Gästehaus ein und hörte über Lautsprecher die Lesung im Refektorium, und den Rest der Zeit verbrachte ich in meiner Zelle oder mit Spaziergängen auf den Ländereien des Klosters. In der Kirche gab es eine Art Galerie, von der aus die Gäste, gleich moslemischen Frauen in einem Harem, den Mönchen zusehen konnten. In der viktorianisch-gotischen Architektur der Kirche fand sich nichts von der romantischen Herrlichkeit von Solesmes; sie war ein großes, albtraumhaftes dunkles Gebäude, wie man es auch im Norden Oxfords finden könnte, ein graues Grab, in dem die singenden Mönche Stunde um Stunde standen oder knieten. Das trübe Licht war aller Farben beraubt. Weit unten sah man, perspektivisch verkürzt, die Reihen der bärtigen Laienbrüder in ihren braunen, handgewebten Gewändern. Vor ihnen standen die Mönche in ihren weißen Habits, schwarzen Skapulieren und weiten Kutten. Jeder geschorene Kopf ruhte gleichsam auf drei Säulen aus weißem Nebel: Neben dem in Weiß gehüllten Körper hingen zwei Ärmel herab, die so lang waren, dass sie den Boden berührten und wie Elefantenrüssel hin- und herschwangen, wenn die Mönche sich bewegten. Von den Messgewändern bis hin zu den hölzernen Kerzenhaltern und dem Holzstab des Abtes war alles von äußerster Schlichtheit, und auch die Stundengebete unterschieden sich sehr von den herrlichen Gesängen und der Pracht der Rituale in St. Wandrille und Solesmes. Dennoch war ich stark beeindruckt von diesen endlos langen Gottesdiensten in der Dunkelheit, im Licht von Kerzen oder in der wässrigen Blässe des Morgens, von dem Wechsel von Stille und Gesang, von den Reihen der Mönche an den eisenbeschlagenen, quadratmetergroßen Brevieren, deren steife, mit Malereien verzierte Seiten im Verlauf der Liturgie immer gleichzeitig umgeblättert wurden, und von den langsamen Prozessionen und den unter Kapuzen verborgenen Gestalten der auf dem Steinboden knienden Mönche. Oft wurde morgens statt des Hochamts die Totenmesse gelesen, und das schmucklose Gewölbe der Kirche hallte wider vom langsamen Donner des *Dies Irae*. Der erhebendste Augenblick war das lange, majestätische Singen des *Salve Regina* am Ende der Komplet. Zisterzienser stehen unter der besonderen Obhut der Heiligen Jungfrau, für die es ein eigenes Stundengebet gibt, das in den Liturgien anderer Mönchsorden fehlt – als wäre dieses Element mütterlicher Sanftheit angesichts der beständigen Strenge zisterziensischen Lebens unerlässlich.

Im Licht des Tages nach meiner Ankunft erinnerte das blassgraue Kloster eher an ein Hospital, ein Asyl oder eine Besserungsanstalt. Der Komplex endete in einigen landwirtschaftlichen Nebengebäuden; dahinter lagen die Felder, in denen tausende von Rüben ihr verborgenes Leben führten und ihre kleinen erfrorenen Banner in die Luft reckten. Auf einem Sockel zwischen den Furchen stand eine moosbewachsene Statue, und unter dem stahlgrau bewölkten Himmel glitten Krähen dahin und ließen sich krächzend nieder. Durch diese flache, matschige Dezemberlandschaft mit ihrem grauen Gestrüpp und den verlassenen Viehweiden verlief ein Weg mit tiefen Wagenspuren, der hinter einer Reihe Ulmen verschwand. Weiden reckten sich in den Nebel, so verschwommen und farblos wie in einer Aquatinta, und hier und da stand im blassen Wald die düstere Masse einer Gruppe Nadelbäume. In dieser aufgeweichten Landschaft arbeiteten einzelne Mönche, allesamt mit Kapuze und Holzschuhen, auf den Feldern, pflügten oder hackten Holz, und der Klang der Äxte drang erst lange Sekunden nach dem Aufschlag an mein Ohr. Andere Mönche trieben eine Viehherde zur Weide. Zwei von ihnen berieten sich kurz in ihrer außergewöhnlichen Gebärdensprache, und dann durchbrach ein *»Viens, la blanche!«* oder *»À droite, grosse bête!«* die Stille, und eine Kuh oder ein müdes Arbeitspferd wurde durch eine Lücke in der Hecke geführt.[4] Dann herrschte

[4] Es gibt einen besonderen Dispens des Schweigegebots für Mönche, die das Vieh zu versorgen haben, damit diese mit den Tieren sprechen können.

wieder Stille, und der einzige Austausch von Informationen bestand aus gelegentlichen Gesten. Sämtliche Einkünfte trappistischer Klöster stammen aus der Landwirtschaft; im Mittelalter waren die Zisterzienser die größten und berühmtesten Pferdezüchter des christlichen Abendlandes. Die trappistischen Laienbrüder stammen zum größten Teil aus bäuerlichen Familien – viele von ihnen sind riesige, grobknochige Männer mit schwieligen Händen, wettergegerbter Haut und enormen Muskeln. Die karge Kost, der Mangel an Schlaf und die harte Arbeit scheinen die Mönche nicht zu schwächen, sondern sie im Gegenteil mit einer eisernen Gesundheit zu versehen. (Die Laienbrüder tragen Habits aus einem groben, braunen, sackleinenartigen Stoff. Ihre Köpfe sind kahl geschoren, und alle haben Bärte. Sämtliche Klosterbewohner tragen Holzschuhe. Der Unterschied zwischen den Laienbrüdern und den weiß gekleideten, rasierten Mönchen mit ihrem schmalen Haarring fällt sehr ins Auge.) Später, als Frost in der Luft lag und in den Pfützen das erste Eis des Winters unter den Schritten knirschte, verwandelte sich das Land ringsum in die Welt eines Brueghel oder Hieronymus Bosch, allerdings mit einem noch nordischeren, ausgemergelteren, beängstigenderen Element, das auf Grünewald hindeutete.

In der Umgebung von der Trappe liegen, gesäumt von Haselsträuchern und Weißbirken, sieben von Wasservögeln wimmelnde Weiher. Der größte, l'Étang de Rancé, ist nur zweihundert Meter vom Kloster entfernt, und hier gehen die Mönche meditierend auf und ab, sitzen auf riesigen Betonpilzen, vertiefen sich in ihre Breviere oder schauen einfach auf das Wasser. Der Wald ist voller Wild, das nicht mehr gejagt wird. Es heißt, Rancé habe verzweifelte Sehnsucht nach seinem alten Leben verspürt, als er in seiner Zelle das Brüllen von Hirschen und das Gebell und den Hörnerklang der Jagdgesellschaften gehört habe. Er habe die Zähne zusammengebissen und sich die Ohren zugehalten und sei von einem inneren Feuer verbrannt worden wie der an den Mast gebundene Odysseus, als seine Gefährten mit wachsverschlossenen Ohren an den Inseln der Sirenen vorbeiruderten.

»Was geschieht«, fragte ich meinen Freund, den ehemaligen Trappisten, »wenn ein Mönch mit der Versuchung konfrontiert wird?« Er antwortete, er habe schreckliche Kämpfe mit dem Fleisch erlebt, Schlachten, die tagelang gedauert hätten und aus denen er nur mit knapper Not als Sieger hervorgegangen sei. Gewöhnlich war der Geist von der Vielzahl religiöser Pflichten ebenso in Anspruch genommen wie der Körper von der schweren Arbeit, und es vergingen Monate ohne irgendwelche Einflüsterungen, doch dann begann mit einem Mal eine Belagerung durch rastlose Gedanken. Oft wurden profane und fleischliche Visionen durch religiöse Zweifel verstärkt, und am Ende dieser beängstigenden Kämpfe, die er nur mithilfe von Gebeten und mentaler Flucht überstand, war er zu Tode erschöpft. Flucht war die erfolgversprechendste Taktik, denn hätte er sich dem Teufel zum Kampf gestellt, so hätte er, der er ein Amateur auf diesem Gebiet war, sich der diabolischen Kasuistik und dem Angriff neuer, in tausenderlei Verkleidungen auftretender Versuchungen ausgesetzt – Waffen, die zu perfektionieren der Widersacher eine Million Jahre Zeit gehabt hatte. Tiefe Erschöpfung folgten auf diese schweren Prüfungen, aber auch ein Gefühl des Triumphes, der Überzeugung, dass der Drache für immer besiegt sei. Als er nach der ersten Erfahrung dieser Art seinem Beichtvater von diesen Gedanken erzählte, schüttelte der weise alte Mönch traurig den Kopf und versicherte ihm, kein Mönch, ganz gleich, wie heiligmäßig, könne behaupten, er sei für den Rest seines Lebens gegen solche Anfechtungen gefeit – der Teufel, erbost über seine Niederlage, wiege den Gegner zunächst in Sicherheit, um dann mit siebenfacher Macht anzugreifen. Die einzigen Gegenmittel seien ein verstärktes Festhalten am Glauben, eine strengere Askese und eine zunehmende Geübtheit in diesem mit allen Mitteln ausgefochtenen Kämpfen der Seele.

Von den drei mönchischen Gelübden beschwört das der Keuschheit im Lauf des Lebens die schwersten Versuchungen herauf – das hatte ich jedenfalls immer angenommen. Die ursprüngliche Sitte, ein härenes Gewand zu tragen, um der Irritation durch fleischliche Begierden eine andere Irritation entgegenzusetzen, ist fast nirgends mehr in Gebrauch – hauptsächlich, vertraute mir ein Benediktinermönch lächelnd an, weil diese Gewänder manchmal die Gefahren heraufbeschwören, die sie eigentlich bannen sollen. Der einzige Ausweg ist spiritueller und geistiger Art. Es erscheint tragisch, dass ein Leben in Askese kein Mittel der mentalen Überwindung fleischlicher Begierden ist, das ebenso wirksam wäre wie die extremen Maßnahmen eines Abaelard, eines Origenes oder der

Skapetz des Donaudeltas. Geistige Disziplin, Gebet und die Abgeschiedenheit reduzieren die Versuchungen auf ein Minimum, können sie aber nie ein für alle Mal überwinden. In mittelalterlichen Legenden waren Klöster immer unermüdliche Zentren des Widerstands gegen die Herrschaft des Bösen über die Welt und darum die bevorzugten Ziele des Feindes. Wenn Satan bei Einbruch der Dunkelheit Befehle an seine Schergen ausgab, schickte er in die Hauptstädte nur jeweils einen jungen, unerfahrenen Teufel, der obendrein, so hieß es, im Dienst einschlief: Es gab nichts für ihn zu tun – diese Schlacht war längst gewonnen. Die Klöster dagegen, diese verstreuten Stachel im Fleisch des Widersachers, wurden zu Hauptzielen der nächtlichen Flüge. Der Himmel war erfüllt von säbelförmigen Schwingen, Schlachtreihe um Schlachtreihe formierte sich zum Angriff, und das Splittern der unzähligen Lanzen, die an der Mauer der Askese zerbrachen, klang durch die Nacht. Frömmigkeit war schon immer den schwersten Angriffen der Mächte der Finsternis ausgesetzt. Die öden Hügel der Wüste wurden zum Schauplatz eines noch nie da gewesenen, vierzig Tage und vierzig Nächte dauernden Zweikampfs zwischen den Anführern beider Armeen;

als die Thebais sich mit Einsiedlern füllte, zog ihre Anwesenheit sogleich eine Vielzahl von Dämonen an, und um die Säule, auf der der heilige Symeon verharrte, schwärmten die Teufel wie Wespen.

Diese Kämpfe gehen mit tiefen Eingriffen in die zarten Mechanismen der Seele einher, und ein Psychologe könnte nach den Folgen dieser Eingriffe fragen. Können so viele menschliche Instinkte einfach wie Schlangen in einen Sack gesteckt und, obgleich sie weiterleben und sich winden, für den Rest des Lebens weggeschlossen werden? Es scheint unmöglich, eine Antwort darauf zu finden. Wenn die Prämissen der Psychologie stimmen, dann müssen diese Männer die reinsten Büchsen der Pandora sein, die keine Vielzahl von Gebeten, kein noch so fester Glaube, keine noch so große Willenskraft vor dem Explodieren bewahren kann. Dieselbe Theorie macht natürlich mit einem einzigen Federstrich eine ganze Armee von Heiligen und Märtyrern zu potenziellen Verrückten. Und dennoch gibt es keine Explosionen. Keine weltliche Macht kann einen Mönch gegen seinen Willen in einem Kloster festhalten; im Gegenteil: Viele antiklerikal gesinnte Regierungen würden jeden Austritt als einen Schlag gegen den Obskurantismus und die Kräfte der Reaktion begrüßen. Doch es gibt nur sehr selten Abtrünnige. Ein Novize, dessen intellektuelle Neigungen stärker sind als sein Hang zur Askese, mag ein Zisterzienserkloster verlassen und sich den milderen Regeln der Benediktiner unterwerfen. Vielleicht stellt er auch fest, dass er sich über seine Berufung getäuscht hat, und gibt den Gedanken an ein Leben im Kloster ganz auf. Aber dass ein Mönch nach langem Noviziat und der Ablegung der Gelübde sein Kloster verlässt, kommt fast nie vor. Französische Klöster liefern nur wenig Stoff für die *chronique scandaleuse*, in der man so häufig auf unglückselige Mitglieder der nicht in Keuschheit lebenden Priesterschaft anderer Länder stößt. Mein Freund, der ehemalige Trappist, sagte mir, in den Klöstern, die er kenne, habe er nie eine Andeutung von homosexuellen Handlungen oder – so weit er das sagen könne – auch nur von homosexuellen Begierden entdeckt. Die seltenen Kämpfe mit der Versuchung, schloss ich daraus, wurden auf einer unmittelbareren, zerebralen Ebene ausgetragen. Doch diese Unterdrückung von fleischlicher Lust müsse sich doch irgendwie entladen, beharrte ich. Ein trappistisches Kloster, sagte ich, müsse erfüllt sein von browningschen Monologen und leisem Knurren. Offenbar ist das jedoch nicht der Fall. Selbst das eigenartige Ritual der *proclamatio*, diese schreckliche Prüfung kleiner menschlicher Schwächen, hinterlässt keine Narben. Alles sei ruhig und friedlich, sagte mein Freund – ich bin fest davon überzeugt, dass er die Wahrheit sprach –, und die Kluft des Schweigens zwischen den Männern wird durch eine echte und brüderliche Liebe überbrückt.

Das psychologische Rätsel könnte vielleicht durch ein Streitgespräch zwischen zwei herausragenden Vertretern beider Lager gelöst werden: Ein Großmandarin der Psychoanalyse könnte gegen einen Experten für Theologie, Dialektik und Mystik antreten, der nach fünfzig Jahren in einem Zisterzienserkloster in den Kardinalsrang erhoben worden ist. Doch leider wären die Bezugspunkte dieser beiden Streiter so verschieden und so wenig miteinander vereinbar, dass es vermutlich gar nicht zu einer wirklichen Auseinandersetzung kommen würde; vielmehr könnte sich das Ganze als ein Schattenboxen erweisen: Der Psychoanalytiker würde wuchtige Schläge mit der Verdrängung der Libido austeilen, gefolgt von Angriffen mit dem Es, während der Kardinal mit der Teilhaftigkeit der Gnade und dem Heiligen Geist parieren und mit Pseudo-Dionysios Areopagita seinerseits in die Offensive gehen könnte. Anschließend wären die Kämpfer erschöpft, aber unversehrt, und Schiedsrichter wie Zuschauer wären ratloser als zuvor. Das Geheimnis des mönchischen Lebens – jene Entsagung des eigenen Willens, jene Unterwerfung unter den Willen Gottes, der alle Schwierigkeiten und Prüfungen überwindet und ein Leben, das äußerlich aus großen Beschwerlichkeiten bestehen mag, mit Frieden und Heiterkeit erfüllt – ist etwas, das nur wenige Menschen außerhalb eines Kloster wirklich verstehen können.

Dass die einzigen drei Mönche, mit denen ich mich unterhielt, bei näherem Kennenlernen so gar nichts gemein hatten mit der abstrakten, von düsterer Trauer erfüllten zisterziensischen Gestalt, die mir wohl der äußere Anschein suggeriert hatte, war ein weiteres Rätsel. Jeder von ihnen war im Rahmen seiner Funktion vom Schweigegebot ausgenommen. Der Erste war der Gastpater, der junge Mönch mit dem kastanienbraunen Haar, der für den Teil des Klosters, in dem ich wohnte, verantwortlich war – ein äußerst gut aussehender Mann mit viel Charme und einem Blick von entwaffnender Integrität und Freundlichkeit. Er war umgeben von einer Aura des Friedens und der Gelassenheit, die man bei Laien selten findet. Der Zweite war der Mönch, der mir das Kloster zeigte, die Kreuzgänge, den Kapitelsaal, die verschiedenen Kapellen, das Skriptorium und das Refektorium mit seinen ordentlichen, deprimierenden Reihen von Blechtellern und -schüsseln und den Bestecken aus Aluminium und Holz. Er war ein ruhiger, gebildeter Mann – der Sohn eines reichen Fabrikanten aus dem Norden, wie ich später erfuhr –, der über die Geschichte der Gebäude so flüssig und kenntnisreich dozierte wie ein Universitätsprofessor.

Mit dem Abt, Dom Etienne, konnte ich ein längeres Gespräch führen, denn wir fuhren gemeinsam mit dem Bus durch den Regen der Normandie und der Île de France nach Paris, wo er, sehr zu seinem Bedauern, Angelegenheiten des Klosters zu regeln hatte. Auch hier hatte ich es mit einem beunruhigend normalen Menschen zu tun – ich fand keine Anklänge an den Terror, den Rancé verbreitet hatte. Er war ein untersetzter, blonder, offenherziger Mann mit frischer Gesichtsfarbe und humorvollen, auffallend blauen Augen hinter einer Nickelbrille. Alles in seinem Gesicht und dem leichten bretonischen Akzent seiner Stimme deutete auf eine gedankenvolle und nüchterne Heiterkeit hin, gelegentlich akzentuiert durch ein leises, tiefes Lachen. Er besaß einen außergewöhnlichen Charme, und wie die anderen Mönche strahlte er eine undefinierbare Atmosphäre der Güte und des Glücks aus. Auch er war bei Kriegsbeginn zur Armee eingezogen worden und hatte den Dienst als Offizier abgelehnt und als Unteroffizier der Infanterie gedient, bis er in Kriegsgefangenschaft geraten war. Als man ihn nach dem Waffenstillstandsabkommen freigelassen hatte, war er ins Kloster zurückgekehrt. Ich verabschiedete mich von diesem würdigen und vollkommen ungekünstelten Mann vor dem Tor des Klosters Notre Dame de Cluny, nicht weit vom Gare Montparnasse, und machte mich zutiefst verwirrt auf den Weg zum Hôtel Louisiana in der Rue de Seine.

***

»Quelle mome et sombre solitude!«, schrieb ein französischer Reisender 1771 bei einem Besuch in der Trappe. *»Quel séjour épouvantable et noir! Où suis-je venu? Je ne remporterai d'ici que des tableaux désolants et de lugubres Souvenirs.«* Huysmans, der in den Neunzigerjahren des neunzehnten Jahrhunderts

von dem Trappistenkloster bei Igny in der Haute Marne zurückkehrte[5] – allein im Wagen, bärtig, kettenrauchend, unter dem Schlapphut die gerunzelte Stirn –, hatte ganz andere Gedanken. Diese Klöster waren Paläste des Lichts, der Tugend, der heiteren Gelassenheit! Wie sollte er im Gewimmel von Paris den zarten Schutzpanzer aus innerem Frieden bewahren, den der Aufenthalt im Kloster ihm gegeben hatte, das kostbare Sediment von Wahrheit und Glauben – beides Dinge, die von seinen menschlichen Schwächen beschädigt werden würden, von seiner mangelnden Widerstandskraft gegen die Versuchungen der Welt, die er geliebt hatte und die er jetzt verachtete, ja fürchtete? Was nützte dieses System von Forts, Befestigungen und Kasernen rings um Paris, das die Stadt schützen sollte?, dachte er, während die Telegrafenmasten am Fenster vorbeizogen. Was die Hauptstadt brauchte, war ein Netz dieser erstaunlichen Institutionen, ein schützender Ring, wo die Gebete der Mönche die Stadt sowohl vor äußeren Widersachern als auch vor den heimlichen midianitischen Feinden im Innern bewahren

[5] Nach den Schlachten des Ersten Weltkriegs stand hier kein Stein mehr auf dem anderen.

würden, ja sogar – durch ihre übernatürliche Kraft – vor einem Einmarsch fremder Truppen …

Wo stand ich zwischen diesen beiden Extremen?, fragte ich mich auf dem Heimweg. Gewiss nicht auf der Seite des unbekannten Reisenden. Doch von Huysmans' Reaktion war ich ebenfalls weit entfernt. Ich hatte La Grande Trappe nicht wie er (unter dem Namen Durtal in *En Route*) für eine *»décrassage de l'âme«* aufgesucht und daher natürlich weniger davon profitiert als er. Der Besucher eines trappistischen Klosters hat zu viel Distanz zum Leben der Mönche, er ist zu sehr abgesondert, um daran teilnehmen oder sich ein Urteil darüber bilden zu können. Meine anfängliche Niedergedrücktheit war nach ein, zwei Tagen verflogen und hatte sich in eine Art masochistischer Lust an dem traurigen Charme des Klosters und der absoluten Stille und Abgeschiedenheit verwandelt. Ich wurde ruhig, still und ausgeglichen. Ich hatte genug moderne Vorurteile, um vor einigen Aspekten des zisterziensischen Lebens zurückzuzucken, und genug Demut und Gespür, genug Beweise, dass dem trappistischen Leben eine fast übermenschliche Großzügigkeit und Selbstlosigkeit zugrunde liegt, um zu wissen, dass sowohl mein Zurückzucken als auch mein Gespür falsch waren: Ich besaß kein geeignetes geistiges Instrument, mit dem ich meine Erfahrungen hätte messen und einordnen können. Ich wusste, dass ich, selbst wenn ich überreichlich mit Glauben und einem mönchischen Temperament gesegnet gewesen wäre, niemals ein Trappist würde werden können. Der Abt von St. Wandrille, mit dem ich später das Mysterium der Berufung zum Zisterzienser erörterte, bemerkte nur: *»C'est très spécial. Ça répond à certaines natures, mais elles sont très rares.«* Daher kann dieser Bericht zu keinem endgültigen Schluss kommen. Ich bin heute so verwirrt und unsicher wie am ersten Abend nach dem Abschied von La Grande Trappe, als ich mich dem feuchten, verschwommenen Leuchten des Boulevard St. Germain näherte, und fühle mich wie damals außerstande, ein Urteil über die Bedingungen und Möglichkeiten eines Lebens in jener stillen, winterlichen Einsamkeit abzugeben.

Die Felsenklöster von Kappadokien

Als ich einige Zeit nach meinem Besuch in der Trappe durch die Türkei reiste, erfuhr ich, dass die Überreste des Klosters von Urgüb nur wenige Tagesreisen entfernt seien. Diese Siedlung ist seit Jahrhunderten verlassen, aber da ich immer schon eines der Wüstenklöster der Levante hatte sehen wollen, beschloss ich hinzufahren. Sie unterscheiden sich stark von den Klöstern Westeuropas, und doch hat die ganze Klosterbewegung hier ihren Ursprung. Der Freund, der mich begleitete, war ebenso erpicht auf die Reise, und so schoben wir ein Dutzend anderer Pläne auf, setzten uns in den Zug und machten uns auf den Weg.

Diese dreitägige Reise durch Kleinasien – von Konstantinopel über Bursa und Ankara nach Caesarea – war eine Reise zurück in eine entlegene und zeitlose Welt. Das löwengelbe Hochland von

Anatolien wirkte karg und biblisch. Ochsenkarren und Kamelkarawanen wirbelten zylindrische Staubwolken auf und bewegten sich in Richtung dieser eigenartigen Stadt am Fuß eines erloschenen Vulkans. Von dort fuhren wir weiter in das Herz von Kappadokien. Die Ebene und die armseligen biskuitfarbigen Dörfer, die nur durch ihre Minarette hervorgehoben wurden, blieben hinter uns zurück. Die Straße wand sich über einen Höhenzug und führte durch eine wilde Schlucht hinab zu dem kleinen, verfallenen Dorf Urgüb. Die Hälfte der Behausungen war aus dem Berg gehauen und schien kurz davor, wieder in ihren Urzustand zurückzukehren, womit dann auch die schütteren Akazien auf dem Marktplatz und der Kreis alter Männer mit Stoffkäppchen verschwinden würden, die schweigend ihre Wasserpfeifen rauchten. Es war der letzte Vorposten der Zivilisation – dann verschluckte uns das Labyrinth.

Denn ein Labyrinth war es, ein Labyrinth aus tief in den weichen Tuff eingeschnittenen Rinnen, die in eine breitere Schlucht mündeten. Diese machte in der Entfernung eine Biegung, doch bis dorthin sahen wir zwischen den steilen Wänden eine Landschaft von so wilder Fremdheit, dass wir uns die Augen rieben: Es war die Landschaft eines fremden Planeten – Mond oder Mars oder Saturn –, eine tote, aschgraue Welt, erfüllt von einem Gleißen wie von Asbeststaub und übersät nicht mit Kratern und Bombentrichtern, sondern mit Kegeln und Pyramiden und Monolithen, deren Höhe zwischen fünfzehn und über hundert Metern schwankte – geometrische Körper aus weißem Vulkangestein, die sich ausnahmen wie die spitzen Hüte der Büßer in spanischen Prozessionen in der Karwoche. Diese versteinerten *cagoulards* erstreckten sich meilenweit bis zum Ende der Schlucht, wo sie, durch die Entfernung verkleinert, wie eine Barriere aus Haifischzähnen wirkten.

Als unsere Augen sich an das blendende Licht gewöhnt hatten, entdeckten wir ein Stück oberhalb der Basis der Kegel dunkle Öffnungen, die durch in den Stein gehauene Stufen zugänglich waren. Wir kletterten hinab in die Schlucht, stiegen eine der Treppen hinauf und traten gebückt durch das Loch. Die Stufen endeten in einer dämmrigen Kammer, die von oben durch einen Sonnenstrahl beleuchtet wurde. Langsam erkannten wir, dass wir uns in einer komplexen, düsteren byzantinischen Kirche befanden. Wir standen unter der Zentralkuppel mit einem Fresko von Christus Pantokrator, der die rechte Hand segnend erhoben hatte; die acht Nebenkuppeln ringsum lagen im Schatten. Massive, hufeisenförmige Bogen wurden von Säulen getragen, und Wände und Gewölbe waren mit Ornamenten verziert und mit dunkelroter, gelber, blassblauer und dunkelgrüner Temperafarbe bemalt. Entlang der Wände waren Szenen aus dem Leben Christi dargestellt – die Taufe fand in einem gestreiften Fluss statt, der durch die unvollkommene Perspektive wie ein dreieckiger Wasserfall aussah. Salomo mit Umhang und Krone und Elias in seinem herrlichen Mantel blickten finster von den Säulen. Rechteckige, mit roter Farbe aufgemalte Fugen ließen den Boden aussehen, als wäre er mit Steinplatten belegt. Man hatte tatsächlich den Eindruck, in einer ganz normalen byzantinischen Kirche zu stehen.

Der nächste Kegel enthielt hoch oben in der Spitze, am Ende eines dunklen, ansteigenden, gebärmutterartigen Ganges, eine noch kunstvoller ausgestattete Kirche. Sie war mit Szenen vom Verrat des Judas und vom Abendmahl geschmückt und besaß eine Apsis, eine Hauptkuppel und Nebenkuppeln, war von Seitenschiffen flankiert und verfügte über ein dreiteiliges Altarbild und eine Vorhalle. Diese Imitation einer konventionell gebauten Kirche war so gelungen, dass uns erst nach einiger Zeit auffiel, wie eigenartig es war, dass drei der vier Pfeiler unterhalb des Kapitells weggebrochen waren. Der verbliebene Pfeiler gab uns das unsichere Gefühl, das Kinder unter einem Tisch hätten, der wundersamerweise auf nur einem Bein stünde. Die bemalten Bogen endeten in drei Hängezwickeln, die unten wie Stalaktiten aussahen. Erst jetzt wurde uns bewusst, wie außergewöhnlich diese Kirchen waren, erst jetzt dachten wir wieder an die gewaltigen Steinmassen ringsum, in die vom zehnten bis zum zwölften Jahrhundert Mönche ihre verzweigten Höhlen gehauen hatten, nachdem sie die glatten Felswände mit Hammer und Meißel aufgebrochen hatten. Hätte es einen schlüssigeren Beweis für die byzantinische Rigidität geben können als diese exakten Kirchenrepliken, die man allen Schwierigkeiten und architektonischen Erfordernissen zum Trotz geschaffen hatte? Kein Detail war ausgelassen. Vorhalle, Hauptkuppel, Pfeiler, Apsis und Basilika waren mit derselben Beharrlichkeit aus der Dunkelheit gehauen worden, mit der die Mönche von Saloniki und Byzanz ihre sonnenbeschienenen Ziegelsteine aufeinandergeschichtet hatten.

Es gab dutzende solcher Kirchen, und die Zahl der Einsiedeleien in der Umgebung ging in die hunderte. Jeder zweite Kegel enthielt Kammern und Waben, und manche waren vom Fuß bis zur Spitze hohl wie ein verfaulter Zahn. Einige der dunklen Gewölbe waren so groß wie kleine Kathedralen. Hier und da waren die Wände zu dünn, so dass sie einstürzten und die gemalten Propheten und Seraphim der frischen Luft ausgesetzt waren. Die meisten jedoch standen in steifer hieratischer Haltung im kalten, steinernen Halbdunkel. Konstantin und Helena stützten das Wahre Kreuz, Johannes Prodromos trug den mit einem Heiligenschein umkränzten Kopf auf dem Tablett, und der Zweig eines Miniaturbaums verdeckte wie von ungefähr die Blöße des heiligen Onouphrios. Am häufigsten erschien der heilige Georg, denn er wurde zur Zeit des Kaisers Diokletian in Kappadokien geboren. In Helm und Waffen und bekleidet mit einem roten Umhang, beugte er sich auf unzähligen Darstellungen auf seinem weißen Ross aus dem Sattel und stieß seine Lanze in unzählige sich windende Drachen. Ewiges Zwielicht umgab das Aufbäumen der Pferde und die Todesqualen der Drachen, doch draußen brannte die Sonne vom Himmel herab, wenn wir dann ins Freie traten. Aus den schattigen Kirchen gelangten wir wieder in das Reich der *accidia*, das Land der Basilisken, des Mittagsteufels und der Angst, die der Gott Pan verbreitete. Der Tag schien nicht zu vergehen, als hätte Josua den kobaltblauen Himmel beschworen und der Sonne befohlen stillzustehen.

Wir erkletterten einen Wall, der mitten in eine Schlucht ragte, und blickten in ein tiefes Tal mit Pflaumen- und wilden Apfelbäumen, die einen gewundenen Bach beschatteten. Auf den Hängen wuchsen die kümmerlichen Überreste alter Reben – das waren die letzten Nachkommen von Obstbäumen und Weinstöcken, die vor tausend Jahren von den Mönchen gepflanzt worden waren. (Die frommen Moslems von Kappadokien tun es ihren christlichen Vorgängern nach und trinken einen dünnen, blassen Wein, der Ähnlichkeit mit den Gewächsen aus Anjou oder Maine hat.) Die Wildnis war urbar gemacht worden. Während wir hinabsahen, fiel ein Schwarm Tauben in die Schlucht ein. Ihre Flügel fingen das Sonnenlicht auf, als sie eine Kurve flogen und sich in einem der Taubenschläge niederließen, die die inzwischen verschwundenen Mönche für sie aus den Felsen gehauen hatten. Die Tauben waren die einzigen Bewohner dieses Tals.

Wer waren diese Mönche gewesen? Wann waren sie gekommen, und wie hatten sie gelebt? Selbst Pater Jerphanion, ein gelehrter Jesuit, der dieses Tal seit zwanzig Jahren untersuchte, wusste keine Antwort auf diese Fragen. Waren sie als Einsiedler gekommen, auf der Flucht vor der Verderbtheit von Byzanz und Antiochia? Die Höhlen-Refektorien mit ihren langen Steintischen, die aus dem Fels gehauenen Weinbehälter und Rinnen, die großen, vom Rauch beinahe prähistorischer Feuer geschwärzten Herde, die Regale für das Geschirr und die Schlitze, in denen Pfannen hingen, deuteten auf ein Gemeinschaftsleben hin. In besonderen Bestattungshöhlen lagen Reihen trogförmiger Sarkophage. Fast genau zu der Zeit der Entstehung dieser Kirchen drangen die Seldschuken zum ersten Mal in Kleinasien ein und breiteten sich aus. Kappadokien war vor der Christianisierung ein bekannter Zufluchtsort der Anhänger Zoroasters gewesen. Hatten auch Christen in diesen Festungen Zuflucht vor den barbarischen Eindringlingen gesucht? Diese Horden von Männern mit geschorenen Schädeln und Pferdeschwänzen hatten ihre düsteren asiatischen Steppen verlassen und waren mit Krummsäbel und Kesseltrommel westwärts gezogen – die erste Etappe des Zugs der Zerstörung, der sie im Lauf der Jahrhunderte bis vor die Tore Wiens führen sollte. Die byzantinischen Armeen stemmten sich dem türkischen Vormarsch entgegen, und es wäre nicht verwunderlich, wenn sich die griechischen Denker und Grübler Kleinasiens diesen Ort ausgesucht hätten, um sich zurückzuziehen und sich zu verbergen. Die gewaltigen, in Rinnen gelagerten Steine, mit denen einige der größeren Höhlen verschlossen werden konnten, scheinen diese Hypothese zu stützen.

Doch das alles sind nur Vermutungen, und eine vorsichtige Rekonstruktion des damaligen Lebens in diesem Tal ist wissenschaftlich noch weniger gesichert. Wir wissen, dass die Mönche den weisen Regeln des heiligen Basilius folgten, der einige hundert Jahre zuvor in Caesarea geboren worden war – ein Zeitgenosse des Julian Apostata, der einen Briefwechsel mit Origenes und dem heiligen Gregor von Nazianz unterhielt. Wir wissen auch, dass dies keine Gemeinschaft von Gelehrten war, denn die Namen auf den Wandbildern und die Worte auf den Schriftrollen in den Händen der Heiligen sind falsch und phonetisch geschrieben. (Die Schreibweise dieser Wörter und der hastig mit zinnoberroter Farbe hingeschriebenen Stoßgebete – »O Herr, errette Deinen Knecht Michael!« – sind übrigens weitere Beweise dafür, dass das Griechisch des zehnten Jahrhunderts genauso ausgesprochen wurde wie im heutigen Athen.) Es war ein schlichtes, einfaches Klosterleben. Damals gab es in der Levante zahlreiche strenge Asketen. Anachoreten mauerten sich in Höhlen ein, Säulenheilige ließen sich auf den Kapitellen zerstörter Tempel nieder und widmeten ihr Leben dem Gebet und der Meditation, und die noch seltsameren Baumheiligen ketteten sich jahrzehntelang an die obersten Äste hoher Bäume. Die vielleicht treffendste Entsprechung findet sich in den Ikonen der orthodoxen Kirchen und in den in italienischen Museen ausgestellten Bildern der frühen Meister, auf denen die Thebais dargestellt ist: Diese übereinandergetürmten, mit Höhlen gespickten Berge, auf denen es von Mönchen in dunklen Gewändern wimmelt. Alle tragen Kapuzen und zylindrische Hüte und haben mächtige, struppige Bärte, und alle sind damit beschäftigt, Gott zu preisen, sich zu kasteien oder das Land zu bestellen. Einer liegt auf den Zinken einer

Egge, ein anderer kämpft mit einem Dämonen, ein Dritter träumt auf einem Berggipfel. Andere pflügen, zerstampfen das Korn in einem Mörser, beschneiden die Weinstöcke oder angeln mit Rute und Leine in einem Fluss. Wieder andere predigen aufmerksamen Versammlungen von Vögeln, ermahnen Löwen und friedfertige Panther mit erhobenem Zeigefinger oder gehen, die Arme freundschaftlich um den Hals von Antilopen und Gazellen gelegt, am Flussufer entlang. Wenn und warum die Mönche das Tal verließen, ist so schwer zu bestimmen wie die Zeit der Entstehung der ersten Höhle. Zeitgenossische Chroniken und Reiseberichte vermerken eigenartigerweise nichts. Man spekuliert über verloren gegangene Edikte, mit denen Byzanz auf irgendeine Häresie reagierte, über einen plötzlichen, berserkerhaften Einfall der heranrückenden Mongolen, über einen Niedergang, weil die zum Klosterleben Berufenen ausblieben – und muss doch jede Theorie mangels Beweisen widerwillig aufgeben. Die Höhlen, die von einem ewigen Dämmerlicht erfüllten Kirchen, die zahllosen gemalten Heiligen bleiben so rätselhaft wie eh und je.

Für einen Besucher aus dem Westen fehlt diesen Relikten die überwältigende Traurigkeit, welche die klösterlichen Überreste Westeuropas umgibt, und das hat mehrere Gründe: Es ist unsicher, wann sie aufgegeben worden sind, und dieser Zeitpunkt liegt schon zu lange zurück. Des Weiteren empfinden alle, die nicht Byzantinisten oder Kenner der griechischen Geschichte sind, wegen der Fremdheit der griechisch-orthodoxen Liturgie und der Klosterregeln des Basilius völlig andere Gefühle als angesichts von Ruinen vertrauterer Art – und selbst hier überwiegt die Neugier auf die Vorgänge, die zu diesem Niedergang geführt haben. Byzanz, das Herz der östlichen Kirche, ist leider für immer untergegangen, und die Christen, die in diesen Klöstern, falls es sie noch gegeben hätte, Zuflucht und Inspiration hätten suchen können, sind vor Jahrzehnten aus Kleinasien vertrieben worden. Heute leben in dieser Region nur noch Moslems. Die Felsenklöster bewahren ihr Geheimnis beinahe so gut wie Stonehenge und erscheinen uns so seltsam und entrückt, wie es die Ruinen von Tintern oder Glastonbury in tausend Jahren für einen Besucher von der anderen Seite der Erde sein könnten. Dennoch hat dieses Tal der ausgehöhlten Felsen sehr große Ähnlichkeit mit der Thebais, wo das gesamte christliche Mönchtum seinen Ursprung hatte. In einer solchen Umgebung – einer Welt auf Tuff und blendend weißem Sand unter einem blauen levantinischen Himmel – lebten die frühen Kirchenväter wie Paulus, Antonius und Pachomius (der als Erster die verstreut lebenden Eremiten unter einem Dach vereinte) ihr mühseliges Leben. Dieses grausame, heiße Land ist der Hintergrund für Basilius den Großen, für Gregor von Nazianz und Gregor von Nyssa, und in einer solchen glühenden Wildnis teilte der heilige Hieronymus in Palästina seine Zelle mit einem Löwen und schrieb die Vulgata nieder. So abgelegen, reizlos und feindlich diese Gegenden auch erscheinen mögen – sie sind den Ursprüngen des Mönchtums weit näher als die Vorstellung von düsterer nordischer Stille und klösterlichem Zwielicht, die der Begriff »Kloster« in uns heraufbeschwört. Rings um uns her lag die Szenerie des frühen Christentums.

***

Die träge Sonne näherte sich nun doch dem Horizont und warf lange Schatten auf die Wände der Schlucht. Wir ließen die Kegel hinter uns und fuhren durch eine menschenleere Landschaft voller Kakteen und Tuffsäulen, auf deren dünnen, wacklig wirkenden Spitzen Basaltbrocken balancierten. Das stille, heiße Land der vulkanischen Schlacken färbte sich im Licht der untergehenden Sonne rot. Schließlich kamen wir an einen Brunnen, um den sich türkische Frauen drängten, vielleicht Nachkommen der Invasoren, von denen die Mönche vertrieben worden waren. Sie stützten mit der rechten Hand schwere Krüge, die sie auf dem Kopf trugen, und als wir uns näherten, zogen sie mit einer raschen, gleichzeitigen Bewegung ihrer linken Hand den Schleier vor das Gesicht. Dann tauchte im Schatten eines Monolithen eine ländliche Moschee auf. Unsere Augen und Gedanken waren so sehr auf die Vorstellung der Aushöhlung fixiert, dass der würfelförmige Bau mit der Kuppel und dem Minarett uns massiv erschien – oder jedenfalls eingebettet in ein festes, transparentes Material, durch das wir uns wie durch Zauberkraft bewegten. Die Luft war wie Glas, spröde und kristallin. Die Innenseite der Welt schien nach außen gekehrt.

Nachschrift

Fast drei Jahre sind seit diesen Reisen und ihrer Aufzeichnung vergangen, und die zisterziensischen Mönche und ihre Lebensweise erscheinen mir noch immer so fremd, so geheimnisvoll und problematisch wie damals; in meiner Erinnerung stehen Bewunderung und Verwirrung im Vordergrund. Auch die geisterhafte Klostersiedlung in Kappadokien ist für mich heute ebenso erhellend (und beziehungslos), wie sie mir unter der gleißenden Sonne Anatoliens erschien. Doch spätere Eindrücke von benediktinischen Klöstern waren ganz anders, vielleicht weil ich oft dorthin zurückgekehrt bin. Mehrere Besuche in meinem ersten Zufluchtsort St. Wandrille (immer noch unter den eigenartigen und vielleicht auch unbefriedigenden Bedingungen meiner ersten Einkehr) sowie Aufenthalte in englischen Benediktinerklöstern haben bewirkt, dass ich mich dort nicht mehr fremd fühle. Der Tempowechsel, mit dem diese Rückzüge von der Welt einhergehen, ist zwar immer noch anstrengend, aber nicht mehr so heftig wie beim ersten Mal, und die nach einem solchen Aufenthalt erforderliche Akklimatisierung an das Treiben der Welt ist infolge der Gewöhnung nicht mehr so schmerzhaft. Jenes erste Mysterium jedoch, das der Fremde empfindet, der sich für einige Zeit in einem Kloster aufhält – die langsame, sich steigernde Wirkung heilender Stille –, hat nichts von seinem Zauber verloren.

Ich schreibe die letzten Zeilen dieses Buches auf der Fensterbank einer Zelle in einem der oberen Geschosse einer Benediktinerpriorei in Hampshire. Der Spätnachmittag ist still, bis auf den Gesang der Vögel in den Zweigen unter mir und die unvermittelten, ruckartigen Bewegungen der Eichhörnchen. Das Gebäude ist im Augenblick fast leer. Jenseits der Baumwipfel wirft die Oktobersonne die langen Schatten der Heuhaufen über die hügeligen Wiesen, und manchmal blitzen die Zinken der Heugabeln auf, wenn die Mönche von Farnborough den langsam fahrenden Anhänger beladen, auf dem ihre Brüder knietief im Heu stehen. Hausdächer und eine zweite Reihe alter Bäume markieren die südliche Grenze der Klosterländereien. Noch weiter entfernt lässt ein Güterzug eine lange, zitternde Straußenfeder aus Rauch aus den Ulmen aufsteigen. Nicht einmal das dünne, anachronistische Kreischen eines Düsenflugzeugs, das plötzlich eine dünne weiße Linie über den Himmel zieht, vermag die zauberische Stille zu stören. Und nachdem ich auf den vorangegangenen Seiten als eine Art halbherziger Advocatus diaboli vieles aufgezählt habe, das in den Zeiten klösterlichen Niedergangs im Argen lag, ist es angenehm, auf diesen kleinen, modernen Zufluss des uralten Klosterstroms zu blicken. In seiner inneren Haltung kommt dieser Zufluss der geistigen Klarheit seiner Quelle sehr nahe, einer Klarheit, welche die Klosterbewegung des Westens nach den vielen Sandbänken, Stromschnellen und Strudeln ihrer langen, wechselhaften Geschichte überall wiedergewonnen hat.

In einer Umgebung wie dieser denkt man unwillkürlich an das Schicksal der alten Klöster, die es einst überall in England gab, und findet ihr Verschwinden doppelt traurig. Ihre Namen, diese Orientierungspunkte einer anderen, vergangenen Welt, kommen in zufälligen, angenehm rhythmischen Dreiergruppen: Glastonbury, Tewkesbury und

Gloucester, Sherborne, Much Wenlock und Fountains, Tintern, Montacute und Cleeve, Pershore, Abingdon und Lacock, Babington, Romsey und Ford, Littleshall, Valle Crucis und Maxstoke, Newstead, Abergavenny und Bolton, Welbeck, Canons Ashby und St. Michael's Mount. Und viele, viele mehr! England konnte ihren Verlust schwer verschmerzen. Man bedauert ihr Verschwinden, doch die kleine Familie ihrer spirituellen Nachkommen, die in jüngerer Zeit entstanden ist, bietet uns all das, was schon in der Vergangenheit so überaus kostbar war. Sobald es der Abbau der juristischen Hindernisse gestattete, siedelten sich diese Gemeinschaften wieder in England an, und inzwischen gibt es in etwa fünfzehn Klöstern in England, Schottland und Wales knapp tausend Mönche.[1]

Zisterzienser haben sich im Kloster Pugin am Mount Saint Bernard in Leicestershire, bei Caldey in Wales und bei Nunraw in Schottland niedergelassen, und das einzige Kartäuserkloster Englands, in dem noch Mönche leben, steht bei Parkminster in Sussex. Ihre Ursprünge sind sehr verschieden. Zwei

[1] Diese Schätzwerte beziehen sich auf Klöster, nicht zu verwechseln mit den Säkularinstituten und Regularklerikern, deren Zahl um ein Mehrfaches höher liegt.

der großen englischen Klostergemeinschaften der Benediktiner – Downside und Ampleforth – hatten bereits zwei Jahrhunderte im Exil verbracht, bevor sie vor fast hundertfünfzig Jahren von Flandern nach Somerset und von Lothringen nach Yorkshire zogen. Die französische – inzwischen größtenteils englische – Gemeinschaft von Quarr auf der Isle of Wight, die Anfang des Jahrhunderts als Reaktion auf eine antiklerikale Gesetzgebung von Solesmes emigrierte, ist den umgekehrten Weg gegangen. Die anderen englischen Klöster sind Douai in Berkshire, Fort Augustus – eine imposante Klosteranlage rings um eine Hochlandfestung, die die Familie Lovat dem Orden geschenkt hat –, Belmont in Herefordshire und Ealing bei London, 1898 von Downside gegründet. Das Kloster Ramsgate gehört der Cassinensischen Kongregation von der einfachen Observanz, einem Zweig des benediktinischen Ordens. Dieser Orden besitzt bei Pierre-qui-Vire nicht weit von Vezelay in Frankreich einen strengen Außenposten, von dem aus auch das Kloster Buckfast in Devon gegründet wurde. Die dortigen Gebäude bauten die Mönche selbst, und zwar auf den Grundmauern eines Benediktinerklosters aus der Zeit vor der normannischen Eroberung und eines Zisterzienserklosters aus dem zwölften Jahrhundert. Am eigenartigsten aber ist die Geschichte des Klosters Prinknash. 1896 ließ sich eine anglikanische Mönchsgemeinschaft auf Caldey nieder, einer schroffen und oft sturmumtosten Insel vor der Küste von Pembrokeshire, wo sich Lummen und Papageitaucher und früher auch Steindohlen tummelten. Dort führte sie, noch immer unter dem Dach der Church of England, ein mühseliges, abgeschiedenes Leben nach der Benediktregel, bis schließlich nach siebzehn Jahren die gesamte Gemeinschaft mit Ausnahme von zwei Brüdern[2] zum römisch-katholischen Glauben übertrat. Nach

[2] Die beiden Brüder, die in der Church of England blieben, waren später die Gründer von Nashdom, einer der bekanntesten anglikanischen Gemeinschaften, die ein klösterliches Leben führen. Diese und die vielen anglikanischen Schwesternschaften, die ein Habit tragen und mit größter Strenge den Regeln des heiligen Benedikt, des heiligen Augustinus, des heiligen Bernhard und des heiligen Franz von Assisi folgen – ja in einigen Fällen sogar den Geboten zweier nachreformatorischer Heiliger der römisch-katholischen Kirche, nämlich Vinzenz von Paul und Franz von Sales –, lassen erkennen, welch eine spirituelle Distanz seit der Reformation und der Niederschrift der *Areopagitica* zurückgelegt worden ist. Manche Gemeinschaften haben sich mildtätiger Arbeit verschrieben, andere haben den Weg der Kontemplation gewählt, ein oder zwei halten sogar das zisterziensische Schweigegebot ein. Die älteste dieser anglikanischen Schwesternschaften, die Society of the Holy Trinity (die jetzt in Ascot ansässig ist), wurde 1845 gegründet, auf dem Höhepunkt der Bewegung innerhalb der Church of England, die mit den Namen Pusey, Kehle und Newman verbunden ist. Neun Jahre später begleiteten Schwestern dieses Ordens Florence Nightingale auf die Krim.

einem kurzen Noviziat legten sie das benediktinische Ordensgelübde ab und gründeten später das Kloster Prinknash im Wald von Gloucestershire. Als besonderes Privileg haben sie den Dispens des Papstes, an Stelle des üblichen Schwarz das weiße Habit zu tragen, das sie als anglikanische Bruderschaft gewählt hatten. Inzwischen haben sich auf Caldey Zisterzienser niedergelassen. Prinknash hat zwei Tochterklöster gegründet. Das eine befindet sich in den halb verfallenen Gebäuden des im dreizehnten Jahrhundert gegründeten Klosters Pluscarden in der Nähe von Elgin im schottischen Hochland, wo zwölf Mönche sich vor vier Jahren niedergelassen haben. Das andere ist Farnborough, dessen Mönche bis zur Ankunft der jetzigen Bewohner ursprünglich ebenso aus Solesmes stammten wie die von Quarr, und der Teil des Klosters, in dem ich untergebracht bin, ist im selben gedrungenen, romanisierenden, neu mittelalterlichen Stil erbaut wie jener massive Komplex. Die Prioreikirche jedoch ist ein schönes, mit Wasserspeiern, Kreuzblumen, Wetterfahnen und Ornamenten reich verziertes Gebäude aus der Hochgotik, gekrönt von einer recht untypischen Kuppel, welche hoch über den umliegenden Feldern aufragt. Angeregt wurde der Bau durch die Gründerin, die verwitwete, im Exil lebende französische Kaiserin Eugénie. Sie verbrachte die letzten Jahre ihres Lebens nicht weit von hier. In der Krypta der Kirche stehen die drei riesigen Sarkophage Napoleons III., der Kaiserin und ihres Sohns, des Kronprinzen, der als englischer Offizier im Zulukrieg gefallen ist.

Ein Freund, der Mönch in Pluscarden ist, beschreibt sein Kloster in einem Brief wie folgt: »Das Kloster wurde 1230 an einer der schönsten Stellen des schottischen Hochlands gegründet. Die Kirche steht noch, wenn auch ohne Dach; aber ein Gebäudeflügel wurde zu Beginn des letzten Jahrhunderts restauriert und bewohnbar gemacht. Es gibt eine kleine, reizvolle Kapelle, für die einer der Brüder eine Chorschranke und Chorstühle geschnitzt hat, die den ursprünglichen nicht nachstehen. Der Kapitelsaal ist ein Steingewölbe mit einem zentralen Pfeiler, dessen eine Hälfte aus einem riesigen offenen Kamin besteht, in dem wir immer ein großes Holzfeuer in Gang halten. Das Refektorium befindet sich in einem anderen, sehr schlichten Gewölbe mit Holztischen und weiß getünchten Wänden, einem sehr schönen Raum. Es ist sehr kalt, und wir hatten ununterbrochen Schnee, aber wir schaffen es, uns warm zu halten, und es gefällt mir sehr gut hier. Es ist auf jeden Fall das primitivste Klosterleben, das ich bisher kennen gelernt habe …«

Derselbe Freund hatte mich viele Monate zuvor mit den ältesten erhaltenen Briefen über das Klosterleben bekannt gemacht, mit den Briefen Basilius des Großen von Caesarea. Er lebte im vierten Jahrhundert und war der Erste, der die Einsiedler aus der Wüste unter das gemeinsame Dach eines nach festen Regeln organisierten Klosters führte. Auf seine Vorschriften gründete der heilige Benedikt eineinhalb Jahrhunderte später sein so überaus bedeutsames Regelwerk. Angesichts der Aura der Traurigkeit, mit der das Klosterleben für viele Außenstehende umgeben ist, sind diese frühen Schriften nicht uninteressant. »Licht«, »Frieden« und »Glückseligkeit« sind die oft gebrauchten Worte, die nach Ansicht des heiligen Basilius die Atmosphäre seines Klosters am besten wiedergeben, und er gebraucht sie nicht in der spezialisierten und oft fadenscheinigen Bedeutung, die sie in der kirchlichen Apologetik und Propaganda erworben haben mögen, sondern in der ursprünglichen Bedeutung, die sie in der Literatur des Altertums hatten. Seine langen Briefe, von denen viele an seinen Freund

Gregor von Nazianz gerichtet sind, atmen Charme, Leichtigkeit und Humor. Die eleganten griechischen Sätze sind mit Anspielungen auf klassische Schriftsteller gespickt, die man eher bei einem Humanisten des fünfzehnten Jahrhunderts erwarten würde als bei einem Kirchenvater zur Zeit Kaiser Julians. Sein Kloster stand auf einem Hang des Pontischen Gebirges, von wo aus man auf das Schwarze Meer sehen konnte, in einer Landschaft, die so ganz anders war als die unwirtlichen vulkanischen Ebenen seines heimatlichen Kappadokien.

»Hier nun«, schreibt er, »zeigte Gott mir eine Stelle, die genau nach meinem Geschmack war, so dass ich wahrlich einen Ort vor Augen hatte, wie ich mir ihn oftmals in müßigen Gedanken vorgestellt. Dort ist ein hoher Berg, dicht bewaldet und an der Nordseite von kühlen, klaren Bächen bewässert. An seinem Fuß erstreckt sich eine regelmäßig abfallende Ebene, der die Berge Feuchtigkeit spenden. Ein Wald von vielfarbigen und verschiedenen Bäumen – ein wilder Wuchs – umgibt diesen Ort und schließt ihn gleich einer Hecke ein, so dass selbst Kalypsos Insel, die Homer ob ihrer Schönheit über alle anderen zu stellen schien, im Vergleich hierzu unansehnlich erscheint.« Sein Brief endet mit den Worten: »Du wirst mir nachsehen, dass ich zu diesem Ort eile, denn selbst Alkmeon konnte es, nachdem er die Echinaden gesehen hatte, nicht mehr ertragen weiterzuwandern.« Seine Schriften sind menschlich und schlicht und vollkommen frei von Heuchelei, und diese Atmosphäre ist wie ein lauer Wind, der durch Oliven-, Tamarinden- und Mastixhaine weht, über die Oberfläche des Geistes streicht und dann völlige Ruhe und Stille einkehren lässt. Und während über diesen nördlichen Weizenfeldern das Tageslicht vergeht, bringt ein ähnlicher Segen, eine uralte Weisheit, welche die Erinnerung an die Jahrhunderte des Streits und des Blutvergießens vertreibt, eine Botschaft des Friedens, die den Geist zur Ruhe bringt und die Seele tröstet.

Inhalt

Zum Autor und zu seinem Übersetzer

PATRICK LEIGH FERMOR, wurde 1932 der Schule in Canterbury verwiesen, weil er sich »in ein Mädchen beim Gemüsehändler verguckte«. Während der Aufnahmeprüfung in die Armee hatte er die fabelhafte Idee, nach Konstantinopel zu wandern …

Drei Jahre lang organisierte er als britischer Agent auf Kreta den Widerstand, konnte 1944 den deutschen General Kreipe gefangennehmen und wurde ein Held. (Verfilmt wurde diese Begebenheit aus Fermors Leben mit Dirk Bogarde in der Hauptrolle. Titel des Spielfilms: *Ill Met by Moonlight.*) Fermor reiste in die Karibik, wo der Reisebericht *The Traveller's Tree* und *Die Violinen von Saint-Jacques*, sein einziger Roman, entstanden. Patrick Leigh Fermor zählt zu den bedeutendsten englischsprachigen Reiseschriftstellern. Er verstarb am 10. Juni 2011 in Worcestershire, England.

Bereits erschienen:

- *Die Violinen von Saint-Jacques.* Roman 2004
- *Die Zeit der Gaben. Zu Fuß nach Konstantinopel: Von Hoek van Holland an die mittlere Donau. Der Reise erster Teil.* 2005
- *Zwischen Wäldern und Wasser. Zu Fuß nach Konstantinopel: Von der mittleren Donau zum Eisernen Tor. Der Reise zweiter Teil.* 2006
- *Drei Briefe aus den Anden.* 2007
- *Der Baum des Reisenden. Eine Reise durch die Karibik.* 2009
- *Mani. Reisen auf der südlichen Peloponnes.* 2010
- *Rumeli. Reisen im Norden Griechenlands.* 2012
- *Die unterbrochene Reise. Zu Fuß nach Konstantinopel. Der Reise dritter Teil.* 2013
- *Die Entführung des Generals.* 2015
- *Flugs in die Post. Ein abenteuerliches Leben in Briefen.* 2020

DIRK VAN GUNSTEREN, geboren 1953, übersetzte unter anderem Jonathan Safran Foer, Thomas Pynchon, V. S. Naipaul, Patricia Highsmith, Philip Roth, T. C. Boyle und Oliver Sacks. 2007 erhielt er den Heinrich Maria Ledig-Rowohlt-Übersetzerpreis.

Zum Buch

Auf der Suche nach Ruhe und Abgeschiedenheit verbringt Patrick Leigh Fermor einige Zeit als Gast in französischen Klöstern. In zauberhaften Beschreibungen berichtet er als Außenseiter von den Innenwelten von St. Wandrille, Solesme, La Grande Trappe und schließlich den Felsenklöstern Kappadokiens.

Er erzählt vom Mysterium der Stille, der Geschichte der Klöster und nähert sich dem Geheimnis des mönchischen Lebens, indem er die Aura des Friedens und der Gelassenheit heraufbeschwört, die die Mönche umgibt und die sich auf ihren Gast überträgt.

Dieses Buch wurde klimaneutral gedruckt.

Der Dörlemann Verlag wird vom Bundesamt für Kultur für die Jahre 2021–2024 unterstützt.